KB203730

날마다 그리운
I Miss You

날마다 그리운
I Miss You

초판 인쇄 2021년 1월 6일
초판 발행 2021년 1월 9일
재판 발행 2024년 6월 22일

지 은 이 한상균
펴 낸 곳 **코람데오**
등   록 제300-2009-169호
주   소 서울시 종로구 세종대로 23길 54, 1006호
전   화 02)2264-3650, 010-5415-3650
            FAX. 02)2264-3652
E-mail soho3650@naver.com

ISBN | 978-89-97456-90-1 03230

값 13,000원

※ 잘못된 책은 바꾸어 드립니다.

날마다 그리운

한 상 균 지음

코람데오

까막눈(illiterate), 그 비늘(scales)을
벗기시는 하나님

수제자 베드로는 예수님을 처음 만나고 나서 자신을 죄인(눅 5:8)이라고
했습니다.

신약성경 27권 중 무려 13권을 기록한 기독교의 3대 인물인 사도 바울은
예수님을 만난 뒤 자신을 죄인 중에 괴수(딤전 1:15)라고 했습니다.

그러면 나는 짐승(시 49:20)이 아닌가.

다윗은 하나님 앞에 지나가는 그림자(시 144:4)라고 했습니다.

사도 야고보는 잠깐 보이다가 없어지는 안개(약 4:14)라고 했습니다.

그러면 나는 바람에 나는 겨(시 1:4)입니다.

인면수심이라는 말이 있습니다.

얼굴은 사람인데 심보는 짐승이라는 말입니다.

나를 두고 하는 말입니다.

무용지물이라는 말도 있습니다.

어디에 내놔도 아무짝에도 쓸모가 없는 것을 말합니다.

나를 두고 하는 말입니다.

세월이 쏜살같아서 회갑이 되었습니다.

지난 세월을 생각하니 하나님이 싫어하시는 짓만 골라 했습니다.

하나님 아버지 눈 밖에 나는 일만 골라 하고 살았습니다.

밥값도 못하고 나잇값도 못 하고 아까운 시간만 허비했습니다.

그런데도 하나님은 오늘도 나를 버리지 않으시고 먹이시고 입히십니다.

내치면 죽을까 싶어서 한없으신 그 사랑으로 불쌍히 여기시는 것이 분명합니다.

78억 인구 중에서 제일 천하고 초라한 아들 상균이가 아버지 하나님께 감히 이 글을 바칩니다.

지나간 60년 세월을 돌보아 주신 아버지 감사합니다.

이제는 이 세상에서 충분하게 잠시 살았으니 하루라도 빨리 그리운 천국, 아버지 품으로 불러 주세요.

2021년

두 번째 출간에 붙여

《날마다 그리운》 수상집은 빈틈이 참 많은 글입니다. 그런데도 손짓하는 바람결이 많아서 여러 번 망설이다가 2쇄 출판을 하게 되었습니다.

첫 출간은 부평현대교회 선임이신 강성봉(유광희)장로님께서 그 출판 비용을 담당해 주셨는데 2쇄 출간 비용을 또 다시 지출해 주심에 그 감사한 마음을 올립니다.

두 번째 출판을 앞두고 내용을 첨삭해야 하나 고민을 많이 했습니다. 그러나 첨단 학문의 경지와 그 전문 영역이 아닌 하나님의 은혜에 대한 감사 편지이기에 원색을 그대로 유지하기로 했습니다.

영어를 전혀 못하는 천변 사람인데 영어에 대한 선망이 늘 있어서 《날마다 그리운》에 부끄럽지만 영어로 신앙 고백을 몇 마디 끄적댔습니다. 금번 재출판에는 이한나(인천시 영어영재, 한양대학교 대학원 영어전공) 권찰님이 영문법을 감수해 주셨습니다. 초판에서 미처 다듬지 못했던 국어 표현은 한권희(한동대학교 국제어문전공, 세종연구소 청년아카데미위원) 권찰님이 수정을 그리고 강민정(연세대학교 국제대학원, 유니세프 전략기획실) 집사님께서는 추천사를 주셔서 소풍 전날 밤 설레임으로 잠 못드는 어린이가 별빛이 수놓은 아름다운 하늘을 바라보는 그 눈망울을 선물로 주셨습니다.

《날마다 그리운》 초판과 2쇄 출간을 할 때에 이름만 들어도 알 수 있을 정도로 사회적으로 그리고 종교적으로 인지도가 높고 존경받는 리더 각 다섯 분, 일곱 분께서 추천사를 말씀해 주셨습니다. 감사한 일입니다.

그러나 부평현대교회 지도교사로 봉직하고 계신 강민정 집사님의 추천사를 게재하니 행복합니다. 추천사를 말씀해 주신 이 시대의 리더분들께 감사한 마음을 올립니다.

'날마다 그리운' 그 맑은 마음이 화염(flame of fire)을 안전하게 잘 통과하고 생명싸개(bundle of life)가 되어지는 하나님 은혜의 수가 실현되기를 학수고대합니다.

하나님 아버지 눈 안에 드는 일만 골라 하고 살려다 보니 60년 세월이 쏜살같이 지났습니다. 하늘 아래에는 오직 나와 하나님 둘뿐인 것처럼 하나님과 애틋하게 사랑하며 살아갑니다.

하나님만 사랑하고 하나님만 바라보니, 하나님께서는 사랑하는 가족과 수많은 동역자를 붙이시고 먹이시고 입히셨습니다. 여호와 하나님께서 베풀어주신 은혜의 수를 세려고 할찌라도 그 수가 모래보다 많습니다(시편 139:18).

어머니께서 주신 주일 헌금의 절반으로 만화를 보고 절반만 헌금했던 소년은, 어느덧 삶의 전부를 하나님께 드리는 주의 종이 되어 있었습니다. 하나님께서 항상 함께 하시니 80억 인구 중에서 제일 존귀하고 부요한 하나님의 아들이 되어 있었습니다.

그 아들이 하나님 아버지와 함께 쌓은 60년 추억들을 이 글로 섬세하게 기록하였습니다.

여호와 하나님의 은혜로만 살아가는 삶은 어떨지 궁금하다면, 이 글이 그 모습을 눈에 선하게 그려줄 것입니다.

하나님 아버지께로 가는 유일한 길이요 진리요 생명이신 주 예수 그리스도(요한복음 14:6)만 믿는 믿음을 사수하고자 한다면, 이 글이 큰 도움을 줄 것입니다.

올바른 신앙 양심을 지켜 하나님을 기쁘시게 하는 삶을 날마다 살고 싶다면, 이 글이 훌륭한 길잡이가 되어줄 것입니다.

날마다 나와 함께 하고 계시는 살아계신 나의 하나님 아버지를 지금 만나고 싶은 모든 이에게 이 글을 추천드립니다.

강 민 정

차례

PART 1 무릎 꿇기

제1장 수필 | 그리운 추억

제2장 시 | 행복한 사람은

차례

제3장 서간문 | 하나님의 선물들에게

차례

_____

PART **1**

무릎 꿇기

_____

목회 지침

1. 교만 않고 항상 겸손한다.
2. 음란 조심하고 성결한다.
3. 배신 않고 반드시 보은한다.
4. 거짓 버리고 정직한다.
5. 경솔 않고 신중 처리한다.
6. 정죄 비판 않고 항상 용서한다.
7. 혈기 버리고 온유한다.

사명 신조

1. 돈과 이성에는 투명한다.
2. 손해 감수하고 신앙 양심 지킨다.
3. 성도와 교회에 희생 봉사한다.
4. 성령 갑절로 선한 목자 사수한다.
5. 건강하고 힘 있는 목자가 된다.
6. 가족을 즐겁게 한다.
7. 성경적인 휴식을 갖는다.

우선순위의 핵심 가치

1. 주 예수 그리스도 곧 여호와 하나님
2. 하나님의 선물 아내
3. 인생의 면류관인 자녀들
4. 끝없이 존경받아야 마땅한 부모님
5. 위기 때 함께하는 혈육의 형제들
6. 인생의 마음을 서로 나누는 친구들
7. 돈

제1장 수필
그리운 추억

첫선

서울 동대문구 제기동 고려대학교 정문 앞은 아주 못사는 가난한 달동네 뚝방이었습니다.

우리는 방 한 칸에 일곱 식구가 살았습니다.

서울사대부중을 다니는데 월사금 35,000원 정도가 나오던 시절, 그 월사금이 없어서 때마다 꼭 수업 중에 교무실에 불려 다니곤 했습니다.

아버지가 호떡을 파는데 잘 팔면 15,000원, 장사가 안 되는 날이면 7,000원 정도인데 이러한 생활이 양정고를 다닐 때에도 거의 비슷했습니다.

그래서 대학에는 갈 수가 있을까?

결혼은 과연 할 수가 있을까?

이 다음에 나의 비전인 목사는 할 수 있을까?

이러한 질문이 떠나지 않았습니다.

어느 날, 이미화 선생님께서 상균이에게 잘 어울리는 사람이 있으니 한 번 만나보자고 하셨습니다. 나를 데리고 서울역 앞에 있는 삼화 고속버스를 타고 부평역 근처 성동학교 방향으로 가서 아주 예쁘게 생긴 삼층집으로 들어갔습니다.

부모님과 당사자인 아가씨가 있는데 천생 여자였습니다.

그런데 말을 안 하고 손짓으로 서로 의사를 주고받았습니다. 무남독녀로 성품이 좋은 딸인데 집에 들어와 함께 살기를 원한다면서 나중에는 모든 재산도 다 주겠다고 통역(?)해 주었습니다.

나의 형편과 처지에는 더없이 좋은 과분한 일인데 말 못 한다는 것이 마음에 안 들어서 주었던 차만 마시고 서둘러서 나왔습니다.

이름도 모르고 얼굴도 생각이 안 나고 그 집이 어디인지도 모르고 그 후로 이미화 선생님도 소식이 끊겼고 세월이 많이 흘렀습니다.

목회자가 되어서 지금 부평구 산곡동 현대아파트 근처에서 목회를 하고 있는데 성동학교가 지척에 있습니다.

부평현대교회 청소년들이 자원봉사를 하려고 그곳으로 갑니다.

성동성결교회 강상구 목사님께서 성동학교 내에서 목회를 하고 계십니다.

아무도 모르는 이 일이 제 마음에는 남아서 하나님께 저의 위선을 회개했습니다.

지금도 감쪽같이 성도님들을 속이고 사랑하라는 설교를 하고 있네요.

하필이면 부평현대교회는 특수학교에 재직하는 선생님들이 많습니다.

연일학교 교장 선생님이신 정영남 권사님, 부천고등학교 김윤호 집사님, 인혜학교 손상희 권찰님, 김정윤 권찰님, 강예슬 성도님 등.

사람은 심은 대로 거두네요.

아이큐 94

양정고를 다닐 때 지능지수인 아이큐(IQ) 검사를 했는데 94가 나왔더니 담임이셨던 김동환 선생님께서 어깨를 감싸주시면서 "상균아, 대학에 가겠냐?"라고 하셨습니다.

서울 이촌동에 있는 강변성결교회에서 고등부와 대학부를 맡은 교육 전도사로 봉직할 때 이중태 담임목사님께서 선물을 많이 주셨는데 그 중에 하나가 바로 '형광등'이라는 별명이었습니다.

나는 얼마나 밝은가 하고 너무 좋아했더니 모두들 웃었습니다.

뉴욕퀸즈장로교회에서 행정목사와 미주크리스챤신문 총무국장 그리고 박연호 전도사님과 함께 맨해튼, 뉴저지 남부, 롱아일랜드에 있는 교구를 맡아서 사역했는데 어느 날, 담임목사님이신 장영춘 목사님께서 부르시더니 이런 이야기 저런 이야기를 하실 때에 한 목사는 센스가 너무 없으니 유의해야 앞으로 목회를 잘할 수 있다고 지도해 주셨습니다.

"성도 그 누구에게라도 나이가 몇이냐?

결혼은 했느냐?

어디에 살고 계시냐?

미국에 살면서 이런 것은 3대 금기이니 유의하고 일체 관심을 갖지 말라."고 하셨습니다.

한번은 지금 목회지인 부평현대교회 허경선 권사님께서 이야기를 나누다가 "목사님, 별명이 있어요."라고 하셨습니다. "무엇인가요?"라고 반색하니 '단무지'라고 하셨습니다.

무슨 뜻인지 재차 물으니 단순하고 무식하고 지식이 없다는 것의 줄임말이라고 하면서 웃으셨습니다. 정확한 별명에 나는 너무나도 기분이 좋았습니다.

　세월이 지나서 회갑이 되니 또 다른 별명이 생겼습니다.

　저보고 '어리버리 맹구'랍니다.

　지금까지 들은 별명 중에 제일 마음에 듭니다.

　나는 말씀을 전할 때 지금까지 원고를 보지 않고 다 암송해서 설교 말씀을 전했는데 요즘에는 성경을 암송하면 나중에 다 까먹고 잊어서 생각이 잘 나지 않습니다.

　실수가 많아지는 이때에 성도님들의 눈이 참 예리하게 관찰하고 어리버리 맹구라고 지어 회자하니 이 얼마나 기쁜가!

검사님께 세례하기

우신자 집사님은 치과 치료를 받다가 신경에 문제가 발생해서 온몸이 통증으로 인해서 많이 힘들어했습니다. 마음씨도 곱고 믿음도 참 예쁘신 집사님이십니다.

남편은 검사직에 있고 자녀들도 잘 자라고 친정은 한양대학교 근처에 있으며 살림살이도 규모가 있어 무엇 하나 아쉬운 것이 없는데 그 신경이 아파서 늘 괴로워했습니다.

나도 그 신경 치료를 위해서 미국 뉴욕에 있는 코넬의과대학교 병원에 한양대학교에서 발급받은 진료기록과 영상자료들을 보내서 치료하려고 무진 애를 썼습니다.

특히 뉴욕 퀸즈에서 의료 활동을 하고 계시는 홍재광 장로님은 우신자 집사님을 치료하시려고 그 먼 곳에 계시면서도 최선을 다하셨습니다.

하나님의 은혜가 임하셔서 어느 정도 차도가 보이자 집사님은 믿음이 없어 교회에 나오지 않는 남편 오동환 검사님을 전도하기 시작하셨습니다.

나는 집사님과 함께 하나님과 은혜를 위해서 작정기도를 마치고 검사님께 복음을 제시하기도 하고 인간적으로라도 친분 있게 하려고 여러모로 애를 썼습니다.

계절이 몇 차례 바뀌고 어느 주일 날, 집사님과 함께 예배에 나왔습니다.

어찌나 반갑고 신기하던지 더 열심히 말씀을 전했습니다.

해가 바뀌고 부활절이 가까웠을 때 이제는 세례를 받아야 한다고 권면했습니다.

그랬더니 그 검사님이 나에게 "목사님, 제가 검사인데 검사도 세례를 받아야 합니까?" 하고 되물었습니다.

그 순간, 머리가 멈춘 듯 아무 생각이 나지 않았습니다.

겨우 내가 한 말은 "예수님은 곧 하나님이신데도 요단강에서 세례요한에게 세례를 받으셨습니다. 이번에는 안 받으셔도 되니까 부담 갖지 마시고 나중에 받으시면 됩니다." 하고 서로 귀가했습니다.

얼마 지나지 않아서 집사님 남편이 내게 "세례를 받겠습니다."라고 말하는 것이 아닙니까.

그래서 세례에 관한 자료를 전달하고 부활절 주일 아침 11시 예배 전 10시까지 목양실에 오셔서 세례 문답하고 세례에 관하여 성경적인 내용을 먼저 공부한 뒤에 11시 예배 시간에 세례 예식이 있다고 안내했습니다.

세례를 받는 부활절 주일은 아침부터 비가 오더니 빗줄기가 점점 굵어졌습니다. 걱정이 되었습니다.

'날씨가 좋아야 교회에 오기가 좋은데 날씨가 궂으니 못 오면 어쩌나, 오늘은 온 성도님들이 검사님이 세례를 받는다고 다들 신기해하고 기대도 하고 있는 분위기인데'라는 생각을 하니 더 마음이 편치 않았습니다.

10시 10분이 지나고 20분이 되었는데도 목양실 문이 열리지 않았습니다.

할 수 없이 먼저 와서 기다리는 성도님들이 있어서 기도하고 시작하자고 말하는 순간, 문이 열리고 검사님이 들어오는 것이 아니겠습니까.

세월이 지나서 집사님이 되고 믿음이 들어가는데, 충남 홍천으로 발령이 나서 이사했습니다. 그런데 이사 심방을 원했습니다. 나는 감사했습니다. 믿음이 있구나.

좀 더 시간이 지나자 변호사 사무실을 열었으니 개업예배를 원했습니다.

온 성도님들과 함께 이사 심방예배를 했던 것처럼 개업예배도 했습니다.

오동환 장로님, 우신자 권사님하고 임직예배까지 했으면 얼마나 좋았을까……. 서울 서초구 법원단지 근처로 이사하면서 소식이 없습니다. 그리운 나라 천국에서 만나면 그곳에서 장로님, 권사님하고 부르기를 소망해 봅니다.

공돈 3억

어느 날, 한 여성으로부터 전화를 받았습니다.

"이번 8월 말 후기 졸업식에서 졸업하는 아무개가 맞느냐?"고 묻기에 맞다고 했습니다.

"실례지만 어떻게 알게 되었고 누구신가요?" 하고 되물으니 만나서 상세히 말하겠다고 해서 연세대 앞 독수리 다방에서 만나기로 했습니다.

검은색 정장에 말끔하고 세련되고 교양이 넘치는 꼭 전문 비서 같은 여성 둘과 수행원인 듯한 젊은 신사 한 명이 내가 앉은 테이블로 와서 착석했습니다.

인사말이 오고 간 뒤 중년 여성이 핸드백에서 봉투 하나를 내 쪽으로 내밀면서 3억 원이 들었는데 2억 원은 졸업한 뒤에 우리 교회의 지교회로 교회를 개척하고, 1억 원은 연세대에서 박사과정을 마치는 데 쓰라고 했습니다.

교회 개척 후에는 일정 기간 생활비도 지원할 수가 있다고 했습니다.

오늘 이 돈은 그 약속된 금액의 착수금 성격이라고 부연 설명까지 덧붙였습니다.

20여 년 전이니, 교회 개척도 박사과정을 마치는 데도 충분한 비용이었습니다.

그런데 내 마음은 그 순간 평안이 사라졌습니다.

하나님께 교회 개척과 박사과정에 관하여 기도한 적이 없었기 때문입니다.

그래서 그 중년 여성 쪽으로 그 봉투를 밀어내면서 "지금 저를 후원해 주시려는 그 교회를 함께 갈 수가 있는지요?" 하고 물었습니다.

세 사람이 얼굴에 화색을 띠면서 흔쾌히 수락하여 주차장에 가니, 이름도 모르는 외제 고급세단이 있었습니다.

1호선 전철이 오고 가는 서울과 부천의 접경 근처, 널찍한 사무실에 앉아서 그 교회의 담임목사님을 만나려고 기다리고 있는데 옆 벽면에 걸려 있는 달력에서 교회 이름과 목회자의 이름을 보고는 아무도 모르게 조용히 화장실 가는 것처럼 하고는 내달려 나왔습니다.

나같이 가난하고 천한 인간을 선대하니 눈물겹게 감사하나 3억보다는 하나님의 은혜가 더 절박했기에 나로서는 어쩔 수 없는 선택이었습니다.

그 3억은 더 필요한 사람에게 더 유익한 곳에 사용되었겠지요?

샌프란시스코공항의 추억

샌프란시스코중앙장로교회에서 예배를 다 마치고 조정한 목사님의 배웅을 받으며 뉴저지장로교회 이원호 목사님께 가기 위해서 공항으로 가고 있었습니다.

어찌나 천둥 번개가 치면서 비가 오던지 차창 앞 유리를 닦아주는 와이퍼가 삑삑 소리를 낼 정도로 힘들어합니다.

나는 목사님께 "이렇게 폭우가 오는데 비행기가 과연 이륙할까요?" 하고 물었더니 한참을 웃으시다가 "한 목사, 비 오는 저 하늘 위에는 밝은 햇빛으로 평온할 것이니 아무 걱정을 말아요." 하십니다

나는 3킬로미터 정도를 달리는 동안 '비행기가 이륙해야 하는데 미끄러지면 어떻게 하나? 이륙 후에 천둥 번개가 위험하지는 않을까?'라며 하나님의 은혜를 전하러 가는 사람이 영적 권세도 품위도 없이 걱정을 했습니다.

비행기는 순식간에 이륙했고 고도를 잡으니 천둥 번개도 없고 폭우도 없고 터뷸런스도 없고 솜털 같은 구름 위에 찬란한 아침 햇살이 창밖에 펼쳐졌습니다.

그날 아침 식사가 얼마나 맛있던지…… 식사 중에 문득 하나님께서 내가 저것을 쓰자니 너무나 천하고 부족하고 버리자니 오갈 데가 없어서 유리방황하다가 죽을 것 같고 어쩌지 못하는 뜨거운 감자가 나라는 생각이 들었습니다.

성도님들은 이렇게 한량없이 초라한 함량 미달의 주의 종의 연약한 심령과 그 위선을 모르고 새벽마다 날 위해서 기도하고 있겠지!

4번, 5번 허리뼈의 수핵탈출증

병원에 출입하여 치료받는 일은 괴롭고 힘이 듭니다.

회갑을 살면서 병원 치료에 관한 이야기는 누구에게나 있을 것입니다.

허리가 아파서 X-Ray, CT를 찍었더니 4번, 5번 뼈가 다 망가져 있었습니다.

수핵탈출증이랍니다.

의학에 문외한인 내가 보아도 걷기는 무리였습니다.

침상에 누워서만 생활을 해야 합니다.

현대아파트 206동인 집에서 약 200미터 거리에 부평현대교회가 있는데 이 가까운 거리를 대여섯 번이나 쪼그리고 앉아서 쉬었다가 걸어야 할 만큼 통증이 아주 심했습니다.

이 CT를 내가 알고 있는 의사 선생님께 보여드리고 어떻게 해야 하는지 고견을 들었습니다.

가톨릭의과대학교 인천성모병원 정형외과에서 처음 진찰을 하신 선생님은 당장 수술을 해야 한다고 수술 날짜를 잡으셨습니다.

내가 알고 있는 여섯 명의 의사 선생님 중에서 네 명의 의사 선생님들은 수술하는 것이 맞다면서 더 늦으면 안 된다고 권면하십니다. 한 분은 조심스럽게 치료하면서 추이를 지켜보자고 유보하셨습니다.

그런데 나머지 한 분은 자기에게 맡겨 주면 한번 치료해 보겠다고 하셨습니다. 그렇게 일주일에 세 번씩 3개월, 일주일에 두 번씩 1개월, 일주일에 1회씩 1개월 치료하니 말끔히 나아서 축구도 하고 자전거도 타고 예전처럼 395미터인 계양산도 훌쩍 오르게 되었습니다.

치료하시는 여호와 나의 아버지 하나님께서 유종만 박사님을 통해서 은혜를 베푸신 것입니다.

중앙선 침범 교통사고

경인신학교 교무회의를 마치고 백운역 위쪽에 위치한 '거궁'이라는 식당에 학생들이 마련한 졸업사은회에 가는 길입니다.

오전 11시인데 제 시간에 갈 수가 없는 상황이어서 마음이 아주 급했습니다.

팔도주유소 앞길은 삼거리입니다.

그 삼거리를 지나서 조금 가는데 검정색 SUV 쏘렌토 차량이 유난히 빨리 달려오는 것이 보였습니다.

마음에 저 차는 너무 빠른데 하는 생각이 들었습니다.

그 차가 가까이 올수록 저러다가 내 차와 부딪히면 큰일 나겠다고 하는 순간, 내가 운전하던 쏘나타 차량의 왼쪽 사이드미러를 아주 세게 들이받았습니다.

눈을 떠보니 경찰차가 여러 대 와 있고 119 긴급 앰뷸런스도 와 있고 구경하는 사람들이 삥 둘러서 있고 주변의 통행 차량은 거북이걸음을 하고 있었습니다.

119 소방대원이 왼쪽 문짝을 뜯어내면서 나에게 "아버님! 아버님 눈을 떠 보셔요." 하면서 내 눈을 자꾸 손으로 비집어 여는 것이었습니다.

들것에 실려서 옮겨질 때 내가 운전하던 차량의 운전석을 보니 앞바퀴가 종잇장처럼 다 찢겨져 있었습니다.

119 소방대원이 내게 계속해서 말을 붙입니다.

"집 전화번호가 생각이 납니까?

생년월일을 말해 보셔요?

집 주소는 어디입니까?"

그런데 아무런 생각이 안 나고 멍하더니 몸이 하염없이 꺼집니다.

어디론가 응급차가 비상벨을 울리면서 달려가는 도중에 전화번호가 생각이 났습니다.

교회의 장로님들 번호입니다.

강성봉 장로님, 김정록 장로님, 최승남 장로님, 이한욱 장로님, 박승만 장로님, 최택규 장로님…….

이동 중에 연락을 취하던 119 소방대원이 나에게 묻습니다.

"아버님, 왜 어머님 전화번호는 말씀을 안 하시나요?"

그런데 노은경 아내의 전화번호는 생각하려고 애를 써도 생각이 나지 않았습니다.

가톨릭대학교 인천성모병원 응급실에서 치료를 받은 뒤 귀가해서 이러한 사실을 실토했더니만 아내가 너무나 서운해했습니다.

가장 중요한 때 아내가 제일 먼저 생각이 나야 하는데 나는 그렇게 성경 말씀은 교회에서 성도님들에게는 잘 전하면서도 실제 내 생활은 아주 엉터리였습니다.

그러니 큰 딸이 아빠는 인격 청소를 해야 한다고 하는 말이 맞는 말인데 그래도 자존심은 있어서 나는 그 충정의 말을 듣고는 도리어 불같이 화를 내었으니 참 이중적이고 위선자임이 틀림없습니다.

신경정신과 약을 먹고 있어요

하루는 부평제일성결교회 강신찬 목사님께서 부르시더니 "한 목사, 목사도 사람인데 그렇게 목회가 힘들 때는 신경정신과에 가서 의학의 도움을 받아야 해요. 목사가 정신과 치료를 받는 것이 부끄러운 일이 아니에요."라고 격려해 주셨습니다.

지금은 부평제일성결교회가 효성동에 새 랜드마크로 신축하여 이전했지만, 예전 부평역 앞에 있을 때는 지금도 있는 교회 앞 김 신경정신의학과에 가보라고 하셔서 그 병원에서 정신과 약을 처방받았습니다.

그 병원의 원장님은 서울대를 졸업한 전문의이신데 "목사님께서 오시니 감사합니다."라며 인사합니다.

"현대의학은 하나님께서 주신 선물이니 마음을 편안히 가지셔요."

위로를 하는데 부끄럽기도 하고 낯설기도 하고 자괴감도 들고 만감이 교차했습니다.

교회는 사람들이 모이는 곳이라서 이런 일 저런 일들이 끊임없이 생깁니다.

20년쯤 전에 잠시 처방받았었던 그 정신과 약을 지금은 가톨릭대학교 인천성모병원 신경정신의학과 원왕연 전문의 선생님께 다시 처방받아 2년째 먹고 있습니다.

12월 29일 화요일 오후 1시 30분에도 예약되어 있습니다.

2년 전 가을학기에 베트남 호치민신학교에 강의를 가야 하는데 몸이 너무나 야위고 힘이 없어서 고통이 컸습니다. 키는 167센티미터이고 평균체중은 61킬로그램인데 53킬로그램이 나가니 그랬나 봅니다.

나는 순간 암이라고 생각했습니다.

한 달 사이에 이렇게 체중이 감소하는 경우는 암 밖에는 없기 때문입니다.

서울 목동 함춘내과 전문의 남귀현 선생님께서 위내시경 검사를 하자고 해서 검사를 했더니 만성위축성위염인데 손수 위 그림까지 종이 위에 그려주시면서 이는 위암 전 단계이니 건강관리에 유의해야 한다고 당부하셨던 생각이 납니다.

내과에 문제가 있는데 왜 신경정신과 치료를 받아야 하는지 늘 궁금합니다.

지금 키는 변함이 없고 체중은 64킬로그램입니다.

교회에 문제가 있고 성도님들에게 문제가 있어서가 아니라 내 자신이 죄가 많고 허물이 많아서 어려운 역경과 위기를 하나님의 은혜와 그 믿음으로 이기지 못한 것이 문제입니다.

목회를 하는 사람으로서 인격의 부족함과 성직자로의 소양이 성경적이지 못하고 연약해서 나타나는 자연스러운 부작용입니다.

오히려 정신과 약을 처방받는 목회자와 함께 신앙생활을 하는 부평현대교회의 성도님들의 품위와 그 위격에 감사할 뿐입니다.

각방을 쓰는 나쁜 남편

2003년 겨울부터 아내와 각방을 썼으니 많은 시간이 흘렀습니다.

여러 가지 까닭이 있겠으나 남편이 되어서 아내와 처갓집을 이해하지 못한 것, 목사님으로서 가정 윤리를 실천하지 못한 것, 자녀들이 삼남매인데 자녀들의 행복을 위해서 아빠로서 모범을 보이지 못한 것, 눈만 뜨면 교회에 가서 말씀을 전하는데 성직자다운 가정의 화목을 실천하지 못한 것 등 회갑이 되어서 생각해 보니 가장 위선적인 사람이 남편이 되고 아버지가 되고 목회자가 되었는데 이러한 가족 간의 갈등을 풀지 못했기 때문이었습니다.

하나님의 은혜가 임해서 목회자가 되었는데 내가 생각해도 기본이 안 된 초라하고 천한 인간이 누구를 향해서 감히 설교를 할까요.

아내에게 속전받을 길이 없습니다.

삼남매 자녀들에게도 참으로 부끄러운 사람입니다.

부평현대교회 성도님들은 내가 살아온 유년 시절부터 나의 가정생활과 사상을 다 알면서도 교회를 떠나지 않고 묵묵히 예배하고 있으니 이것이 신기할 뿐입니다.

임금숙 권사님 충고가 새롭습니다.

'제 가정도 돌보지 못하면서 무슨 목회를 하는가?'

문남규 집사님의 말씀이 새롭습니다.

'목사님의 가정이 화목해야 성도들이 모이고 말씀에 은혜를 받지 않겠는가?'

권사님, 집사님 고맙습니다.

나를 사랑하시는 충정의 말씀임을 늘 잊지 않고 있습니다.

신기하고 감사한

아주 어릴 때 내 머리맡에 사과가 놓여 있었던 것이 어렴풋이 생각이 나곤 합니다.

호떡을 팔고 계시는 아버지께 여쭈었습니다.

그랬더니 아버지는 그 일이 진짜 생각이 나느냐고 되물으셨습니다.

홍역으로 사경을 헤매고 있는 삼대 독자를 구하려고 그 추운 겨울철 경기도 가평 온 읍내를 수소문해서 사과를 겨우 얻어서 숟가락으로 긁어 입가를 적셔 주셨다고 합니다.

온 동네 사람들이 모두 태어날 때부터 약한 그 아이가 해를 넘겨도 잘 걷지 못하고 먹지도 못하고 하니 얼마 안 가서 곧 죽을 것이라고 했고, 그래서 출생신고도 할까 말까 여러 번 망설이고 미루다가 늦게 했다고 합니다.

1961년 10월 27일이 내가 태어난 날인데 호적에는 1964년 1월 29일입니다.

태어난 고향 마을인 율길리에서 현리까지는 20리 길입니다.

중간 10리에 물골다리가 있는데 시영이, 길남이, 용구 그리고 상균이, 동네 악동 넷이 그 멀리까지 가서 놀았습니다.

그 물골다리 곁에는 농부들이 파놓고 먹는 작은 우물이 하나 있습니다.

아카시아 꽃잎을 따먹기 위해서 그곳까지 간 것입니다.

아카시아 꽃잎은 그 옛날 시골 마을에서는 먹거리였습니다.

목이 말라서 늘 먹던 그 우물에 갔습니다.

두레박은 군인들이 쓰던 철모 안쪽에 붙어 있었던 갈색 모양의 플라스틱으로 그 모자를 뚫어서 물을 길어 올렸습니다.

네 악동이 물을 서로 먹기 위해서 난리법석을 떨다가 가위바위보로 순서를 정했는데 나는 공부도 꼴찌인데 놀이도 꼴찌를 했습니다.

내 차례가 되어서 물을 허겁지겁 마셨습니다.

먼저 마신 녀석들이 앞에서 거의 다 마셔 버렸기 때문에 나는 갈급해서 마지막 물 한 방울까지 다 마셔야 했습니다.

거의 다 마셔가는데 두레박 밑에서 꿈틀거리는 것이 바로 눈앞에 있었습니다.

깜짝 놀라서 두레박을 내던졌습니다.

아주 굵고 긴 짙푸른 지네 한 마리가 두레박에서 기어 나오고 있었습니다.

만일 허겁지겁 물을 마시다 그 지네가 내 목구멍으로 쑥 빨려서 넘어갔더라면 어떻게 되었을까요?

율길리 앞산은 모래봉 산입니다.

왼쪽에는 서파가 있고 그 바로 오른쪽 밑에는 집이 꼭 네 채가 있는, 참나만 마을이 있습니다.

그 마을은 지금도 있습니다.

산 버찌와 뽕나무 오디를 따먹으며 놀다가 배가 더부룩하고 뒤가 급해서 아이들 모르게 뒷걸음질을 쳐서 어느 산소 옆에 숨어서 일을 치렀습니다.

아주 시원하게 일을 다 보고 일어났는데 내가 엉덩이를 내리고 일을 본 바로 그 옆에 살모사가 똬리를 틀고 앉아 있었습니다.

살모사는 독성이 강한 뱀입니다.

색깔이 흙빛이어서 눈에 잘 안 띕니다.

만일 조금만 더 늦게 일어났더라면, 모르고 뒷걸음질했더라면 어떻게 되었을까요?

여호와 하나님은 먼 훗날 복음을 위해서 한 번 쓰시려고 환난과 역경과 위기를 부지불식간에 비껴가게 하신 것입니다.

우리가 미처 모르고 지나가는 위험이 얼마나 많을까요!

감사함으로 받으면 버릴 것이 없습니다.

존경할 수밖에 없는 성도님들

1999년 1월 3일부터 담임 목회를 했습니다.

성도님들은 최소한 20년을 같은 목회자로부터 설교를 들은 것입니다.

새벽 설교를 월요일은 부교역자께서 말씀을 전하시니 한 주간에 6회, 주일 낮 7시 30분과 11시 2회, 주일 밤예배 7시 30분 1회, 수요일 밤예배 7시 30분 1회, 매주 화요일 10시 성경공부 1회 모두 합하여 11회는 설교합니다.

대심방, 일반 심방, 각종 경조사 예배를 포함하면 더 많이 설교를 합니다.

한 달이면 4주이니 40번, 1년이면 12개월이니 480번, 10년이면 4,800번, 20년이면 9,600번입니다.

1/2만 듣는다 해도 엄청난 횟수입니다.

그 설교 말씀을 한 사람에게 듣는다는 것은 결코 쉬운 일이 아닙니다.

설교 말씀을 누가 귀로 듣나요?

그 목회자의 생활을 보면서 듣는 것인데 듣기는 더욱 어렵지요.

유머와 재치가 넘치고 해박한 일반 지식에 성경적인 전문 학식까지 갖추고 인격으로 설교하는 목회자라면 듣기가 유익하겠지요.

그러나 나의 설교는 웃음기는 전혀 없고 일반 지식은커녕 목회자로서 갖추어야 할 성경의 내용도 많이 부족하고 신학적인 전문 지식은 더 미천하니 성도님들이 엄청 괴로울 텐데 참 죄송하고도 창피한 일입니다.

이러한 설교를 20년을 듣는 성도님들이 위대해 보입니다.

불평불만도 없는지 아무런 이야기도 안 하고 그냥 예배 시간 되면 자리에 앉아 있습니다.

2020년, 금년엔 유독 비가 많이 왔습니다.

10시 30분이 되면 목양실에서 예배를 위해서 늘 기도하고 강단에 오릅니다.

이렇게 비가 오는데, 허벅지까지 다 젖을 만큼 폭우가 오는데 누가 올까?

기도하면서도 마음은 복잡한데 성도님들은 목회자의 긴장을 아마도 모르겠지요?

강단에 올라서 말씀 시간에 좌석을 바라보니 올 사람은 모두 다 왔습니다.

그러면 이러한 생각이 듭니다.

30분 후에 예비 된 하나님의 은혜도 믿지 못하면서 설교할 자격이 있는가?

누가 누구를 향하여 설교를 하는가?

이미 목회자인 내가 은혜를 성도님들로부터 받았는데!

나는 성도님들 인격과 믿음의 수준에 미치지 못하는 함량 미달 목사인 것이 분명합니다.

신길성결교회의 새벽

연세대학교 신학과 대학원에 합격했지만, 등록금이 없어서 포기하려고 했습니다. 그런데 새벽에 교회에 나가서 하나님께 먼저 간구하고 나서 응답이 없으면 그렇게 해야겠다는 생각이 들었습니다.

어느덧 10일이 다 지나고 작정한 마지막 날 새벽까지도 아무런 응답이 없었습니다. 집으로 돌아가는 길에 신길성결교회와 성애병원 사이에 육교가 있는데 마침 비행기가 지나가고 있었습니다.

하늘을 쳐다보면서 누구는 저렇게 비행기도 타고 다니는데 나는 '이 아침, 꿈에 그리던 학교에 합격을 하고도 돈이 없어서 울고 있으니 참 처량하구나.' 하고 슬퍼했습니다. 그런데 그때 육교 맞은편에서 "한 전도사님!" 하고 담임이신 이신웅 목사님께서 반갑게 인사를 건네셨습니다.

우는 이유를 물으셔서 망설이다가 자초지종을 말씀드리니 지금 나와 함께 교회로 가자고 하셔서 목양실에 들어갔습니다.

성경을 갑자기 펴시더니

"하나님의 나라는 말에 있지 아니라고 오직 능력에 있음이라."(고전 4:20)

이 말씀을 읽어 주시면서 등록금은 염려하지 말라고 하셨습니다.

신길성결교회 장학위원장님께 말씀드려서 장학규정이 1/3 또는 1/2 여러 가지가 있지만, 한 전도사는 전액을 교회에서 다 후원할 테니 열심히 공부하라고 도리어 격려하셨습니다.

세월이 흘러서 존 웨슬리(John Wesley) 경제윤리로 신학석사(Th. M) 학위 논문을 마쳤는데 하나님은 그때 그 시간에 목사님께서 아침 심방을 마치시고 교회로 오시다가 눈물을 흘리고 있는 저를 만나도록 이끄신 것입니다.

효성정형외과를 아시나요?

인천 효성동 2번 버스 종점 근처에 가면 효성정형외과가 있습니다.

안동헌 안수집사님이 원장님이십니다.

성품이 온화하시고 천생 선비이십니다. 어찌나 정직하신지 인천시 납세 모범자로도 선발되었다고 그 어머니이신 정순임 권사님께서 칭찬하신 적이 있습니다. 정형외과 전문의이신데 눈도 고쳐 주시고 신장결석으로 힘들 때도 고쳐 주시고 점도 빼 주시고 아들 권희와 성민이 포경 수술도 해 주시고 큰딸 서희, 둘째 우희가 열이 펄펄 끓어서 가도 진정이 되는 병원입니다. 나는 몸이 불편하고 기력이 떨어지면 효성정형외과를 찾아갑니다. 병원 침상에 누워 있으면 세상만사가 편합니다.

잠도 잘 자고 식사도 맛있고 이 세상에서 교회, 집 그리고 효성정형외과가 제일 편합니다.

간호사, 물리치료사, 원무 직원들이 많은데 20년이 훨씬 넘었는데도 변함이 없습니다

원장님의 인품이 반영되는 결과일 것입니다.

어느 날, 이경자 권사님께서 "왜 교회의 부교역자들이 자주 바뀌나요?"라고 물으셨습니다. 권사님은 자신의 둘째 딸 김소연 양이 전도사님과 결혼하고 봉천동감리교회의 담임 목회자가 되기까지 여러 번 이동하고 나서야 비로소, 이동을 할 수밖에 없다는 것을 이해하셨습니다.

그러나 부끄러운 일이지만, 나는 명색이 목사인데 우리 교회 장로님, 안수집사님, 기도의 어머니이신 권사님들의 인격과 품위에 훨씬 못 미칩니다.

효성정형외과 안동헌 원장님은 안수집사님이신데 목사인 나보다도 위격이 높습니다. 아버지 하나님께 늘 죄송할 뿐입니다.

교수님을 속인 논문

    지도교수님이셨던 강근환 박사님은 서울신학대학 신학대학원 신학석사
(M. Div) 학위 논문 중에서 결론 부분에 있는

    "오늘날 한국 교회를 보면 일각에서 정교분리의 기본정신을 떠나 정치 현
실에 직접 참여하고자 하는 왕성한 움직임이 있음을 보게 된다. 교회가 세상
에 대하여 할 수 있는 교회 본연의 자세를 벗어나서 정치 현실에 직접 교회
의 이름으로 관여하는 것은 분명히 영역탈선과 월권이다(서영일, 교회와 국가,
서울 : 기독교문서선교회, 1984). 이제 한국 교회는 신약 성서적인 사도적 교회
로 돌아가야 한다. 분명히 가이사의 것은 가이사에게, 하나님의 것은 하나님
께 바쳐야 한다(막 12:17). 그러기에 교회는 초대의 사도적 교회로 돌아가기
위한 첫걸음으로 교회의 민주화를 부르짖을 것이 아니라 교회의 복음화를
부르짖어야 한다. 먼저 교회의 복음화가 선행되어야 세상의 복음화가 이루
어질 수가 있기 때문이다."

    라는 글을 삭제해야만 통과시키겠다고 하셨습니다.

    나는 이 부분을 논문에 쓰고자 글을 썼는데 참으로 고민이 깊어졌습니다.

    정말로 논문이 통과가 안 되면 수료하고 말아야겠다고 결심을 하니 마음
이 평안해졌습니다.

    그러던 어느 날, 논문 부심이신 장중열 박사님께서 부르시더니

    "한 전도사님, 지도교수님께는 삭제한다고 말씀을 드리고 통과된 후 논문
을 인쇄할 때 다시 삽입해서 인쇄해요."

    라고 하셔서 다시 기사회생한 글이 되었습니다.

    그때 그 시절에는 마냥 좋았는데 나중에 생각하니 불순종한 것이 하도 양
심이 괴로워서 하나님께 회개했습니다.

국방부 헌병대

서울 동대문구 제기동에 주소지가 있으니 단기사병(6개월 방위병)으로 태릉에 있는 신병교육대에 입소했습니다.

서울여대를 지나서 여러 고갯길을 가면 부대가 나옵니다.

4주 훈련을 마치고 퇴소하는 토요일 아침, 연병장에는 500여 명의 신병들이 금요일 밤에 배속된 그대로 자기가 가야 할 부대 명 앞에 도열했습니다.

다른 신병들은 하얀 바탕에 검은 글씨로 새겨진 푯말 앞에 서 있었습니다.

그런데 나는 임시로 만든 엉성한 푯말에 손글씨인 매직으로 '국방부'라고 쓴 푯말 앞에 서 있었습니다.

용산구 국방부 헌병대에서 며칠 동안 소양교육을 받는데 중령 계급의 인사담당자가 태릉 신병교육대에서 대위 계급인 중대장이 질문했던 것처럼 똑같이 몇 번이고 자꾸만 물었습니다.

"한 이병, 아버지는 뭐 하시는 분인가?"

"예, 아버지는 고려대학교 앞에서 호떡 장사를 하고 계십니다."

머리와 어깨를 만지면서 "이거 왜 이래? 동대문구에 사는 사람이 용산구에 어떻게 오나? 지금 장난하나?" 한다.

"한 이병, 아버지는 정말 뭐 하시는 분인가?"

아마도 국방부는 나같이 뚝방에 살고 사회적인 힘이 없으면 갈 수가 없는 곳이었나 봅니다.

한 4개월쯤 지났을 때 복도에서 중령 계급이셨던 김중우 집사님과 마주쳤습니다.

나는 주일에는 인천 부평구 산곡동 현대아파트 단지 내에있는 다락방성결교회에서 전도사 직분으로 사역하며 방위병을 하고 있었는데, 김중우 집사님과 같은 교회에 출석하다 보니 나는 거수경례를 잊고 그만 목례를 하고 김중우 집사님은 국방부가 직장이다 보니 직업정신이 투철하셨던지 거수경례를 하게 되었습니다.

이 장면을 복도에서 근무하던 헌병들이 보았고 나는 여기저기 호출받아서 불려 다니기에 아주 바빴습니다.

"한 이병, 아버지가 고려대학교 앞에서 호떡 장사를 한다고?

그런데 중령이 네게 거수경례를 하냐?

너 정체가 도대체 뭐냐?"

나는 방위병소집이 해제될 때까지 국방부 헌병대에서는 아무것도 시키지를 않아서 부대에 가면 사무실 책상에 앉아서 서울신학대학교 최종진 교수님 조교를 하다가 입대했기 때문에 교수님께서 맡기셨던 《고대 이스라엘의 예언과 사회(Prophecy and Society in Ancient Israel)》를 번역하고 800자 원고지에 옮겨 쓰는 일을 다 할 수 있었습니다.

지금도 생각하면 웃음이 납니다.

내 아버지는 여호와 하나님이시고

나는 그의 어린 아들이지요.

비록 나이는 회갑이 되었지만…….

미국 뉴욕공항에서 붙잡혀 있었던 그 시간

꿈에 그리던 미국 뉴욕에 이민을 간 것이 36세가 되던 해 10월 21일 월요일 저녁 8시 30분경이었습니다.

행주산성에 혼자 바람을 쐬려고 간 적이 있었습니다.

그때는 김포공항 시절이었는데 연신 비행기가 뜨고 내리는 광경을 보다가 나도 언젠가는 저 비행기를 타고서 미국에 가보고 싶다고 생각하는데 눈물이 났습니다.

대학 졸업 여행을 제주도로 갈 때도 돈이 없어서 못 갔는데 미국이라니 소가 웃을 일이지요.

하나님의 은혜로 지금 아내와 둘째 딸인 우희와 함께 미국으로 출국하는 것입니다.

비행기는 이륙했고 서울 밤하늘 위로 비행을 한 지 얼마 안 되어서 나는 출국하기까지 미국 비자 문제, 살고 있던 전세금 문제 등으로 쉬지를 못했는데 안심이 되었는지 그만 깜빡 잠이 들었습니다.

아내가 흔들기에 깨어보니 아직도 밤하늘 위로 비행하고 있었습니다.

그런데 내 좌석 앞자리에 손님이 잠자고 있어서 식사를 제공하지 못했다는 쪽지가 두 개 붙어 있었습니다.

그 밤하늘은 서울이 아니라 뉴욕의 밤하늘이었습니다.

나중에 알고 보니 14시간을 날아갈 때까지 미동도 하지 않고서 잠이 든 것이었습니다.

입국을 위해서 절차를 밟고 있는데 흑인 이민국 여직원이 내게 자꾸만 묻습니다.

Zip Code가 틀렸다고 따지는데 나는 영어를 못하지만, 그 단어는 난생 처음 듣는 단어였기에 식은땀만 흘리고 있었습니다.

한 시간 이상을 세워놓고 이것저것을 끝없이 묻는데 범죄자 취조였습니다.

아주 오랜 시간이 흘러서 한국인 여성이 오더니만 주소의 번지수가 틀렸다는 것입니다.

입국신고서에 Franklin Ave #B67, Flushing NY. 11355. USA. 그리고 번지수 칸이 6개가 있는데 140-10을 제가 가운데 들어가는 부호인 –를 빼고 그냥 이어서 표기했는데 그것을 문제 삼은 것이었습니다.

천신만고 끝에 공항을 빠져나왔더니 뉴욕퀸즈장로교회 장영춘 목사님께서 보내신 장철승 목사님, 이원호 목사님, 박명철 목사님께서 하나님의 은혜라면서 역정을 내시지 않고 도리어 나를 위로하셨습니다.

그 후 지금까지 Zip Code는 가장 잘 살펴보게 되는데 천국에도 내가 거할 번지수가 있겠지요.

호떡 장수 아버지

나는 서울 고려대 앞 제기동 뚝방에서 사는 것이 싫었습니다.

일곱 식구가 방 한 칸에 사는데 꼭 짐승 우리 같았습니다.

온 동네 사람들이 함께 사용하고 있는 공동 수도, 공동 화장실…….

세면은 사람들이 다니는 길 한쪽에서 했습니다.

상하수도가 없으니 수도가 있는 어느 집사님 댁에서 물지게로 아침과 저녁에 플라스틱 물통에 물을 길어다가 집 한 귀퉁이에 있는 항아리에 담아서 썼습니다.

서울사대부중에 다닐 때 가정환경조사서를 학생들이 써서 학교에 제출해야 하는데 그 시간이 나는 제일 싫었습니다.

그중 아버지 직업란과 학력란이 있는데 아이들 몰래 직업란에는 '슈퍼'라고 썼습니다.

맨 뒤에서 걷어 내는데 하필이면 나와 사이가 안 좋은 아이가 "애들아, 상균이네 집은 슈퍼한대!" 냅다 소리를 지르니 아이들이 환호하며 학교 끝나면 집으로 놀러 가자는 것이었습니다. 학교 가기 싫었지요.

방과 후에는 아이들을 떼어 놓으려고 홍릉 쪽으로도 갔다가 청량리 쪽으로도 갔다가 빙빙 돌면서 아이들에게 들키지 않으려고 애를 많이 썼습니다.

하루는 곤히 자는데 머리맡에서 인기척 소리가 들리기에 눈을 떠보니 아버지와 어머니께서 호떡 판 돈을 계산하고 계셨습니다. 그날 판 매상 중에서 첫 마수걸이는 무조건 감사헌금으로 떼고 십일조 헌금 떼고 선교헌금도 떼고, 그러고는 감사기도를 하시면서 우시는 것이었습니다.

하루 잘 팔면 15,000원이고 장사가 안 된 날은 7,000원 정도인데 떼고 나면 무엇이 남는단 말인가? 실눈을 뜨고서 그 광경을 목도하고는 아버지가 더 불쌍하고 가여워졌습니다.

어떻게 그 많은 일곱 식구를 먹여 살리셨을까?

도무지 이해가 안 되었습니다.

돈 버는 사람은 오직 아버지 한 명이었습니다.

어머니는 제기동장로교회 이창희 목사님이 심방을 가시면 꼭 동행하고 새벽기도, 금요철야기도, 주일예배는 당연하고 매일같이 교회에서 살다시피 했습니다.

아버지께서 어머니께 당신도 교회에만 가지 말고 제기시장에서 장사해서 돈을 벌라고 역정을 내시니 할 수 없이 오뎅, 떡볶이 장사를 했습니다.

그런데 아버지와 어머니 두 분이 장사한 매상이 아버지 혼자 장사한 것과 같거나 그보다 더 적을 때가 많았습니다.

이 일로 인해서 두 분이 매일같이 싸웠습니다.

결국 아버지께서 어머니께 당신이 교회에서 예배하고 기도하고 심방하고 교회 궂은 일하는 것이 더 낫다며, 장사하지 말고 목사님을 도와서 교회 일을 하는 것이 더 유익하다고 하시면서 다툼이 끝났습니다.

결혼하려고 명일동 노은경 집에 인사 갔더니 장인이 되실 노영일 목사님께서 "자네 아버지는 무슨 일을 하시나?"라고 물어보셨을 때 나는 1초도 망설임 없이 "예, 아버지는 제기동 고려대 앞 뚝방 노점에서 호떡 장사를 하십니다."라고 말했습니다.

그 후에 한국도자기 회장님이신 김동수 장로님께서 물으실 때에도, 그리고 한국언론연수원에서 국토통일원 허문도 장관상을 받을때도, 전두환 대통령과 강남 월드 호텔에서 함께 있었을 때도 역시 똑같은 대답을 했습니다.

나는 부평현대교회 담임 목회를 하고 있는데, 아버지는 산곡동 현대아파트 209동에 사시면서 교회 앞 208동 언덕길 노점에서 호떡을 파셨습니다.

하루는 내게 "너는 교회 목사님인데 그 애비는 교회 앞에서 호떡을 팔고 있으니 이게 무슨 망신이냐? 네 체면 때문에 노점을 그만두어야 하겠다."라고 하셨습니다.

그 주일 낮예배 시간에 온 성도님들 앞에서 "성도님들, 여기 서 있는 한 목사는 교회 앞에서 호떡을 팔아서 공부시켜 주신 한양수 장로님의 희생과 기도로 오늘날 목회자가 되었습니다. 하나님 다음으로 나는 아버지와 어머니를 존경합니다." 하고 부모님이 계신 자리에서 공개적으로 내 심경을 밝혔습니다.

2017년 3월 11일, 81세로 천국에 가실 때에 내 손을 꼭 잡고서 "아버지를 부끄럽게 생각지 않아서 참으로 고마웠다. 아들 마음을 안 것이 제일 감사하다."고 하시고 소천하셨습니다.

그 아버지를 얼른 만나고 싶습니다.

미국 휴스턴신학교

이제 새해가 밝으면 서울신학대학에서 목사 자격 요건인 M. Div(신학석사 과정)를 마치고 교수 자격 요건을 갖추는 미국 휴스턴신학교 Th. M(신학석사 과정)에 입학합니다.

'이 얼마나 학수고대한 일인가.' 싶었습니다.

나는 울산에서 상경하신 김부연 집사님의 빨간색 프라이드를 빌려서 조홍범, 장기순, 노준호와 서울에서 일을 마치고 영등포 문래동 고가다리를 건너서 인천 부평으로 돌아오는 길인데 속옷이 땀에 흥건하게 다 젖어서 몸이 으슬으슬 춥습니다.

12월 9일이니 땀이 나는 날씨도 아니고 운전하는 일인데 속옷까지 땀으로 젖을 일이 아닌 것입니다.

그날 밤, 이부자리가 흠뻑 땀에 젖어서 자다가 잠이 깼습니다.

잠자리가 질척이니 깊은 잠이 올 리가 없습니다.

목이 말라서 일어났는데 갑자기 기침이 났습니다.

가래가 올라와서 침을 뱉었는데 어둑한 밤인데도 가래가 검게 보였습니다.

이상해서 불을 켜보니 아주 검붉은 핏덩이였습니다.

날이 밝기를 기다려서 도화동에 있는 대한결핵협회에 가서 진료를 받으니 김성진 원장님께서 폐결핵 중증이랍니다.

스트렙토마이신, 아이나 등 생전 처음 듣는 약을 공복에 한 움큼씩 먹기 시작했습니다.

미국 휴스턴신학교는커녕 서울신학대학 신학대학원 졸업식에도 가지 못했습니다.

변수의 하나님께서 은혜의 수를 준비하시고 내 길이 아닌 하나님의 길로 인도하시는 이정표였습니다.

혼자 앉기도 힘에 버거워서 쿠션에 기대 있는 모습이 처량하기도 하고 아프기도 해서 울고 있는데 책꽂이에 있는 한문으로 된 관주 성경전서의 금박 글자가 눈에 들어왔습니다.

그동안, 이 한문 성경이 내게는 얼마나 익숙한 책이었던가……. 그런데 이날은 처음 보는 책처럼 생경하게 보였습니다.

관주라는 작은 글씨가 선명하게 읽혔기 때문이었습니다.

기어가 그 한문 성경을 뽑아서 펴니 아주 작은 한글 철자로 상세히 성경 글씨 앞뒤에 기록되어 있었습니다.

그날부터 예전에는 성경 한 절 한 절씩만 읽었는데 이제는 그 작은 철자로 안내되어 있는 성구를 한 절씩 다 찾아서 읽기 시작했습니다.

같은 성경말씀을 신·구약성경에서 망라하여 그물과 같이 서로 연결시켜 주는 것이었습니다. 예전에는 성경을 한 장씩 읽고, 그 장의 제목을 일일이 붙여 읽었습니다.

이제는 성경을 읽고 그 말씀과 동일한 신·구약성경을 정리하기 시작했습니다.

시간이 많이 흘렀는데도 기침과 각혈은 그대로입니다.

어찌나 폐병이 중한지 큰딸 서희와 작은딸 우희도 폐병 증세가 있어서 함께 약을 먹었습니다.

18평 되는 작은 빌라(영동빌라 301호)였으니 온 식구가 다 전염된 것입니다.

차도가 없어서 실의에 차 있던 어느 날, 잠을 자다 다시 일어나 보니 새벽 2시경이었는데 온 식구는 곤히 잠들어 있었습니다.

나 때문에 식구들이 고생하는 것이 괴로워서 짐을 챙겨서 청평 가는 길에 있는 '만민의 기도하는 집'으로 갔습니다.

병이 다 낫기 전에는 집에 안 갈 작정이었습니다.

아침에 동이 터서 식사를 하고 약을 찾는데 약이 없었습니다.

계획이 시작도 하기 전에 실패로 끝났습니다.

더욱 괴롭기가 말이 아니었습니다.

아주 오랜만에 깊이 잠들었는데 오른쪽 아픈 폐가 통증이 심하게 왔습니다.

그런데 통증이 아니고 뜨거운 것이었습니다.

무섭기도 하고 걱정이 되어서 기도하는데 찬송 89장을 보라는 음성이 선명했습니다.

깜짝 놀라서 기도를 마치지도 않고 찬송가를 펴니 가사가 은혜롭습니다.

가사를 읽어 내려가면서 조금 전보다 더 뜨거워졌습니다.

얼마나 뜨겁던지 방을 이리저리 굴렀는데 구르다가 책상다리에 이마를 부딪치기도 했습니다.

"샤론의 꽃 예수 모든 질병을 한이 없는 능력으로 고치사

고통하며 근심하는 자에게 크신 힘과 소망 내려 주소서

예수 샤론의 꽃 나의 맘에 사랑으로 피소서"

지금까지 처음 들어 본 단 한 번의 하나님의 음성이었습니다.

미국 휴스턴신학교는 지금도 방문해 보지 못했습니다.

비록 미국 휴스턴신학교는 가지 못했지만, 하나님의 음성을 들었으니 더 값진 신유의 선물입니다.

서울여대에 재학 중인 송영주 청년

폐병 중에 송영주라는 교회 청년이 병문안 왔는데 형체가 흐릿하게 보였습니다.

내 입 주변에서 침과 핏물을 보았는지 얼른 인사만 하고 갑니다.

그래도 고맙고 감사했습니다.

나는 오남매인데도 전염될까 봐 한 사람도 나를 안 찾아왔는데 나를 찾아왔으니 이 얼마나 위로가 되는가.

그 송영주 청년은 결혼해서 지금은 강남 도곡동 타워펠리스 아파트에 삽니다.

그녀가 약 15년 전에 나를 찾아와서 3세가 된 어린 아들이 강남세브란스병원에서 치료를 받아왔는데 아깝게도 생애를 마쳤다면서 나에게 장례를 집례해 달라고 했습니다.

목회하면서 백여 번의 장례를 집례했는데 제일 나이가 어린 생애였습니다.

보통의 장례와 달리 가족들과 조문객들이 아무 말도 않고 울기만 했습니다.

장례를 다 마치고 옛날 나 폐병 중일 때 나를 찾아와서 위로한 일이 생각나느냐고 물으니 그렇다고 했습니다.

어린 아들이 소천하니 내가 제일 먼저 생각이 나더랍니다.

그래서 용산 미군 부대에 소속되어 있는 남편과 의논하고 출석하고 있는 담임목사님이 아닌 부평에까지 와서 장례를 부탁했다고 했습니다.

그렇게 해서 사랑의 빚을 갚은 것이 새롭습니다.

주변에 병든 사람, 홀로 된 사람, 거동 못하는 사람, 갇힌 사람, 방황하는 사람 등 역경과 위기에 처한 사람들을 살피고 돌아보면 얼마 안 가서 갑절로 보상도 받고 은혜도 얻는 것입니다.

교회 종치기

시영이, 길남이, 용구 그리고 상균이는 율길리 마을에서도 서파교회에서도 소문난 악동 친구입니다. 시영이는 농사짓는 농부 집 아이고, 길남이는 우리 집에 세 들어 사는 아버지가 중사인 군인 집 아이고, 용구는 서파교회 목사님 아이입니다.

서파교회는 시멘트가 아닌 흙벽돌로 지은 교회입니다.

황토 흙에다가 볏짚을 작두로 잘라 물로 반죽하여 섞습니다.

나무 조각으로 미리 짜놓은 틀 속에 흙을 붓습니다.

힘껏 다지고 다져서 흙벽돌 모양을 만들어 그늘에 말립니다.

그렇게 교회를 짓는 것을 어릴 때 보고 자랐습니다.

기와로 지붕을 했는데 그 시골에 기와집은 교회뿐이었습니다.

교회 앞마당에는 철골로 엉성하게 얽어 만든 종탑이 있었는데 마을의 명물입니다.

어느 날, 친구들과 교회 앞마당에서 놀고 있는데 참새들이 교회 지붕 기와 사이로 들고나는 것이었습니다.

악동 넷이 무슨 약속이나 한 듯이 서로 눈빛을 마주치고는 사다리를 가져다가 지붕에 걸쳐 놓고 지붕 위로 올라갔습니다.

참새가 분명히 들고나는 것을 보았는데 기왓장을 들추어도 새알이 없었습니다.

새알을 찾으려고 그 많은 기왓장을 다 들추었지만 실패했습니다.

그런데 "너희들 거기서 뭐 하느냐?"고 누가 고함을 칩니다.

돌아보니 용구 아버지이신 목사님입니다.

목사님이 화가 많이 나셨습니다.

시영이와 길남이는 교회를 안 다니고 그 부모님도 교회에 출석을 안 해서 그랬는지 두 녀석은 집으로 보냈습니다.

우리 집은 어머님이 서파교회 송재분 집사님입니다. 아버지와 할아버지, 할머니는 그 당시에 교회 출석을 안 할 때였습니다.

목사님께서 용구에게는 기왓장을 제자리에 다 정리하라고 호통을 치시고는 나에게는 앞으로 교회 종을 치라고 벌을 주셨습니다.

그때 그 시절에는 예배 시간 30분 전에는 초종이라고 종을 치고, 30분이 지나서 예배 시간이 되면 재종이라고 또 한 번 종을 쳤습니다.

처음에는 힘들었습니다.

우리 집과 교회는 빨리 걸어도 족히 30분은 걸렸기 때문입니다.

그리고 어찌나 쇠 종이 큰지 그 밧줄을 당기려면 젖 먹던 힘을 다 쏟아야만 겨우 한 번 쳤습니다. 그 쇠 종이 위로 올라갈 때 나는 그 밧줄에 끌려서 딸려 올라가기가 일쑤였습니다.

그러다가 율길국민학교 6학년 1학기를 다 마치지 못하고 서울 제기동 뚝방 앞에 있는 서울 홍파국민학교로 전학을 하면서 교회 종치기 벌이 끝났습니다.

그 종을 치다가 새벽별을 보았습니다.

어찌나 맑고 영롱한지 하나님의 고운 눈빛이었습니다.

그 종을 치면 사람들이 일손을 멈추고 교회에 예배드리러 모이는 것을 보았습니다.

하나님의 나팔 소리가 울릴 때 성도들이 모여드는 그 훈련을 하나님께서 미리 예행연습을 시키신 것입니다.

하나님의 나팔 소리인 교회 종소리를 듣지 못하는 시대입니다.

이제는 심령으로만 들을 수 있습니다.

복음병원인 함춘내과

처음에는 부평역사 6층에 병원이 있었습니다.

그러나 지금은 서울 목동에 있습니다.

'함춘'이라는 말의 뜻을 몰라서 원장님이신 남귀현 집사님께 여쭈었더니 서울 명륜동 서울대학교 의과대학을 함춘 캠퍼스라고 불렀는데 거기에서 이름을 따서 붙였다고 하셨습니다.

벌써 20년이 넘었는데 인천에 있을 때에도 진료를 받고 나면 병원비를 안 받으십니다.

누구에게 소개를 받은 적도 없고 우리 교회에 출석하시는 성도님도 아니고 그렇다고 나 자신이 무슨 유명인사이거나 큰 권세가도 아닌 개척교회를 목회하는 한낱 초라한 목회자일 뿐인데도요.

한번은 진료를 받고 나서 간호사님께 "저, 비용을 드리고 싶은데 원장님께서 안 받으시니 어떻게 하나요?" 물었더니 간호사님께서 "목사님은 우리 병원 VIP라서 그래요. 원장님께서 특별히 예우하시는 환자분이세요." 했습니다. 나같이 초라하고 미천한 사람을 VIP라니 난생 처음 들어 보았습니다. 나를 VIP라고 대우해 주다니 그날 교회에 들러서 하나님 앞에서 엄청 울었습니다. 하나님만 나를 인정해 주시는 줄로 알았는데 나를 선대하는 곳이 있어서 아버지 하나님께 이러한 사실을 소상히 기도로 보고드렸습니다.

우리 부평현대교회는 선교지에서 추천되어 한국에 유학 온 여러 외국인 신학생들이 많이 거쳐 갔습니다. 그들이 몸이 아프면 함춘내과에 갑니다. 그들까지도 원장님은 가족같이 돌보아 주십니다. 브라질 아마존신학교에 함께 가서 그 원주민들과 신학을 공부하고 있는 신학생들과 그 가족들에게 원장님께 한 번만이라도 치료를 받게 해 주고 싶은 마음이 간절합니다.

하나님 나라, 그리운 천국

걸으면 내가 걷는 것보다 더 힘들이지 않고 걷기에 편합니다.

몇 걸음 안 뗐는데 벌써 저만치 갑니다.

신기한 걸음을 간증했더니 말씀을 듣고 있던 황지영 집사님께서 공항의 무빙워크 같다고 표현해 주었습니다.

캐나다 나이아가라 폭포에 가면 전망대가 있습니다.

뉴질랜드 오클랜드에 가면 전망대가 있습니다.

대만 타이베이에 가면 101층 전망대가 있습니다.

미국 맨해튼에는 엠파이어스테이트빌딩이라는 전망대가 있습니다.

영국 런던에 가면 이글아이라는 둥그런 놀이기구가 있습니다.

공통점은 발밑이 유리처럼 바닥이 투명해서 아래가 훤히 다 보인다는 것입니다.

하나님 나라 천국에서는 이렇게 마음을 먹고 생각하는 순간, 내가 보고 싶은 가족이나 교회나 그 지역을 위에서도 아래에서도 입체적으로 생각하는 대로 볼 수 있습니다.

하나님의 불꽃 같은 눈을 인간이 무슨 재주로 피할 수 있을까요.

진정 가지 말아야 할 지옥

장마철 비를 맞으면 옷에서 비릿한 냄새가 납니다.

지옥에서는 그 냄새에다 시골 아궁이에서 나뭇가지가 타는 냄새와 합해진 냄새가 납니다.

작은 철창에 수많은 사람들이 갇혀 있습니다.

소리를 지르고 몸을 비틀고 깔려 있는 사람이 더 많습니다.

그 앞을 지나가는 나를 향해서 손짓하나, 내 몸을 만지지는 못합니다.

내가 익히 아는 사람도 있습니다.

이 세상도 죄수들을 죄목별로 분류하는데 지옥은 더 자세하게 죄를 분류해서 갖은 고통을 주고 있었습니다.

본디오 빌라도, 네로 황제, 어니스트 헤밍웨이, 마릴린 먼로, 엘비스 프레슬리, 장국영……. 이렇게 자살한 사람들의 지옥 형벌이 살인자보다도 그 어떤 죄보다도 더 참혹했습니다.

살이 으깨지고 터졌는데 잠시 후에는 그 피와 살이 다시 자석처럼 제 몸에 붙고 다시 으깨지고 또 터지고 그럴 때마다 그 죄인들의 울음소리, 호곡 소리가 애처롭습니다.

예수 그리스도를 여호와 구원의 하나님으로 믿는 사람만이 그 지옥을 면할 수가 있습니다.

생명이 다해서 호흡이 멈추고 눈을 감는 순간 펼쳐지는 그 화염의 고통이 영원히 지속되는 지옥에는 가지 말아야 합니다.

서울 강서구 내발산동

밖에는 비가 엄청 오고 있습니다.

이제 4학년 2학기 개강이 보름 정도 남았습니다.

'성균관대 사학과 3학년 2학기 때 결혼을 했으니 벌써 일 년이 다가온다. 내년에는 어떻게 해야 할까?' 그런 생각을 했습니다.

내게는 이 가을학기가 참으로 중요합니다.

결혼해서 서울 강서구 내발산동 명덕외고가 보이는 곳에 작은 월세방을 얻어서 살고 있습니다.

학생들이 띄엄띄엄 정문으로 들고납니다.

예전 양정고 수험생 때가 생각이 납니다.

오후 3시경 자리도 펴지 않고 누웠습니다.

잠시 후에 나는 아주 놀라운 광경의 주인공이 되었습니다.

내가 내 몸을 빠져나와서 내 몸을 보고 있었습니다.

의식이 분명해서 창밖의 빗소리, 차 경적 소리, 아이들 소리가 귀에 들렸습니다.

방안의 장롱, TV, 책상, 옷가지, 거울에 내 얼굴까지 비칩니다.

지금 나는 방에 누워 있지 않은가?

나는 방안의 공중에 떠 있었습니다.

색깔까지 선명합니다.

창문 틈이 열려 있었는데 그곳으로 나가려고 움직였습니다.

그 순간, 생각이 떠올랐습니다.

내가 지금 저 창으로 나가면 어떻게 되지?

만일에 다시 안 돌아오면 그것이 죽음이 아닌가?

'내 아내는 부천 친정집에 가서 지금쯤 올 때가 다 되었는데 오기 전에 다시 내 몸으로 가야지.' 하고 마음을 결심하는 순간, 다시 내 몸으로 들어가는 것이 아닙니까.

인생의 수한이 다하여서 생명이 마쳐질 때 이렇게 되는 것을 몸소 경험하고 나니 생명이 신비롭고 하나님의 은혜가 참되고 또한 놀라운 것임을 알게 되었습니다.

전지전능하신 여호와 하나님을 가까이하고 그 손에서 떠나면 절대 안 됩니다.

2018년 12월 23일

이날은 난생 처음 하나님께 그리운 나라 그 천국에 나를 불러서 데려가 달라고 기도한 날입니다.

어느덧 2년의 시간이 흘렀습니다.

잠잘 때마다 김포태광교회 차주혁 목사님의 어머님처럼, 가톨릭의과대학 총장님이셨던 옥인영 장로님 어머님같이 곤히 잠들었을 때 천국에 이르기를 학수고대하면서 밤마다 기도하고 잠듭니다.

1년 365일 매일 새벽 5시에 기도회가 있습니다.

늘 생각합니다.

담임목사님이 5시가 넘었는데도 새벽예배를 인도하지 않아서 찾아보니 목양실에도 없고 화장실에도 없습니다.

부교역자가 목사관으로 가보니 잠자리에 편히 누워서 천국에 간 것입니다.

이 사실에 헐레벌떡 교회로 달려와서 성도님들께 알립니다.

온 성도님들이 '할렐루야' 기뻐하면서 '목사님이 평소 그렇게 그리운 나라 천국에 이르기를 원하시더니 소원대로 성취되었다.'고 찬양하지 않겠는가.

오늘도 많이 보고 싶고 하나님의 품에 안기고 싶은데 오늘 밤이 그날이기를 또 앙청합니다.

인도 뉴델리의 푸른 하늘

서울 진광교회 담임이신 박성진 목사님은 기독교대한성결교회 총회 선교부장님이십니다.

광주 방철호, 부산 김영식, 인천 임형재, 서울 여성삼 목사님 등 총회 선교부 위원들 11명이 중국, 홍콩, 마카오, 태국, 인도네시아, 말레이시아, 싱가포르, 인도, 네팔에 있는 선교지의 실태와 선교사님들의 현장을 점검하고 위로하기 위해서 약 보름간 9개국을 순회했습니다.

나는 총회본부 선교국 간사로 있으니 목사님들의 수발을 위해서 동행했습니다.

인도의 뉴델리에서 김영암 선교사님을 만나서 선교사역 점검을 다 마치고, 다음 날은 마지막으로 네팔 백종윤 선교사님을 만나러 가야 합니다.

해외여행을 할 때는 비행기 좌석을 반드시 재확인해야만 합니다.

특히 후진국일수록 더 그렇습니다.

만일 비행기 일정에 관하여 재확인을 항공사에 안 하면 탑승을 못하거나 엄청난 벌금을 물어야 하는 손해가 뒤따르기 때문입니다.

하도 전화 연결이 안 되어서 직접 뉴델리 시내에 있는 에어인디아 사무실을 방문하여 다음 날 네팔로 가는 일정을 재확인까지 했습니다.

다음 날, 목사님들을 모시고 공항에 도착해서 에어인디아 데스크에 여권과 탑승권을 냈더니 좌석이 없답니다. 또 그 비행기는 없는 비행기랍니다.

오히려 미리 재확인 절차를 왜 안 했느냐면서 화를 냅니다. 아무리 설명해도 막무가내입니다.

목사님들은 승객들이 대기하는 좌석에 앉아서 탑승을 기다리고 계시고 나와 김영암 선교사님은 각자 관련자들과 사무실을 오가면서 문제를 해결해 보려고 애를 썼지만, 에어인디아 직원들은 참으로 무식하고 인격도 없어 보였습니다.

한참 시간이 지난 뒤에 머리에 흰 터번을 쓰고 수염을 덥수룩하게 기른 키 작은 중년의 직원이 오더니만 아주 작은 소리로 말합니다.

"정말로 네팔행 비행기를 꼭 타야 합니까?"

아니, 아침부터 와서 지금까지 말했는데 도대체 무슨 말을 듣고 있었단 말인가?

한 사람당 벌금을 미국 달러로 300달러씩만 내면 어떻게 한 번 조치해 보겠다고 했습니다.

11명이니 3,300달러를 달라는데 여행 말미에 더구나 목사님들이 무슨 돈이 있나.

내가 가지고 있는 공금도 최소비용만 남았기에 지출할 수는 없었습니다.

천신만고 끝에 탑승수속을 끝내고 탑승구에 앉아서 자세히 티켓을 보니 어제 시내에서 예정된 그 비행기가 아닌가.

광주 주월교회 방철호 목사님이 구세주 역할을 하셨습니다.

"한 전도사, 다들 돈이 없을 텐데 내가 다 부담하겠으니 열심히 나와 교회를 위해서 기도해 주세요."

몇 번이나 다짐을 받으신 후 지출해 주셨기에 가능한 일이었습니다.

드디어 비행기가 활주로에서 이륙합니다.

창으로 내려다보이는 뉴델리 오후의 하늘이 참으로 아름답고 멋집니다.

하나님께서 만드신 하늘은 이렇게 신비스러운데 그 속에 사는 인간들은 구제불능이 아닌가.

델타항공

아들 권희가 인천외고 영중학과에 합격했습니다.

235명 중 5등으로 합격해서 10등까지 주는 장학생이 되었습니다.

아들과 함께 12일간 미국 여행을 떠났습니다.

외교관이 꿈이기에 뉴욕 맨해튼 UN 본부, 워싱턴 D. C.의 워싱턴대학교, 백악관, 6.25 참전희생자 위령탑 등을 견학했습니다.

브라질 아마존에서 선교사역을 하고 계시는데 지금은 미국 애틀랜타에 계시는 유지화 목사님을 2박 3일간 만나 뵙는 일정만 끝나면 이제 귀국길입니다.

뉴욕 J. F. Kennedy공항에 가서 델타 항공편으로 짐 가방 두 개를 부치고 탑승구 7번에서 기다리고 있는데 탑승 시간이 벌써 3시간이나 지났어도 그 흔한 안내방송도 없고 직원도 안 보이고 안내 문구도 없습니다.

델타항공 직원을 찾아서 자초지종을 말하니 그 직원이 그 항공편 시간을 점검했습니다. 고장이 나서 비행은 불가하고 짐은 이미 델타항공과 제휴된 다른 항공편으로 애틀랜타로 보냈답니다. 그러면 우리도 다른 항공편으로 가면 되지 않느냐고 했더니 짐은 좌석이 아니어서 가능한데 승객은 이미 좌석이 다 예약되었기에 안 된답니다.

어떻게 해야 하느냐고 했더니 내일 이 시간에 다시 공항으로 오랍니다.

우리는 갈 데가 없습니다.

회사가 문제를 야기했으니 책임지라고 했습니다.

나중에는 해서는 절대 안 되는, 미국 사람이 가장 싫어하는 수를 하겠다고 했더니만 갑자기 친절하게 우리 둘을 자기들의 사무실로 안내했습니다.

뉴욕 시내에 있는 래디슨 호텔 1박 2식짜리 무슨 바우처인지 무슨 표를 각

각 한 개씩 쥐어주면서 밖에 직원용 셔틀버스를 준비했으니 가서 쉬고 내일 오랍니다.

아들 권희가 말했습니다.

"아빠, 그냥 내일 귀국해요.

짐은 내일 데스크에 가서 항공사가 찾아서 한국으로 보내라고 말하고 한국 가요."

약 2개월이 지나서 사용하지 못했던 애틀랜타 2인 항공권에 대한 보상금인지 환불인지 알 수없는 348,000원과 파김치가 되어 목숨만 겨우 붙어 있는 짐 가방이 패잔병처럼 귀가했습니다.

아들 권희와 평생 잊을 수 없는 부자유친답게 찰떡궁합의 추억 여행을 한 것입니다.

리우데자네이루의 금빛 모래 해변

상파울루에서 유지화 목사님께서 리우데자네이루 항공권을 주시면서 2박 3일간 호형호제한다는 김우식 장로님 댁에 가서 휴식하라고 하셨습니다. 홀로 타국에 가서 다시 낯선 도시로 여행을 한다는 것은 신비하면서도 설레는 감동이 있습니다.

제기동 뚝방 시절, 너무나 가난하여 남의 집을 전전하는 이사를 열아홉 번이나 했습니다.

연탄 쌓는 창고를 신문지로 도배하고 바닥은 박스를 깔고 장판을 입혔으니 겨울철 얼마나 추웠겠습니까?

김익하 권사님 댁 문간방에서 세 들어 살 때 양정고 친구 성열기가 갑자기 찾아왔는데 우리 사는 모습에 깜짝 놀라는 그 표정을 잊을 수 없습니다.

제기시장 뒤편에 살 때는 친구 이병국이 서울 의대에 합격했더니 아버지가 고급 자동차인 스텔라를 선물로 사주었다고 자랑하려고 왔는데 우리가 사는 방 한 칸짜리 연탄 아궁이를 보고는 믿지 못하겠다던 그 표정이 지금도 기억납니다.

이렇게 형편없이 초라하고 무능한 사람이 어쩌다가 하나님의 은혜가 임해서 불가능한 결혼도 하고, 중학교만 졸업해도 기적인데 고등학교를 다녔고, 더군다나 목사님이 되었으니 이것이야말로 홍해의 기적이 아닌가요.

그러한 나에게 말로만 듣던 세계 3대 미항인 리우를 여행한다는 것은 마치 꿈속을 헤매는 것처럼 황홀한 일입니다.

설레는 마음으로 리우공항 출구를 나서니 젊고 말쑥한 한 청년이 내 이름을 쓴 팻말을 들고서 나를 기다리고 있었습니다.

나는 속으로 당연히 '김우식 장로님께서 보낸 아들이거나 직원이겠지.' 하고 반갑게 인사를 건넸습니다. 그 청년도 어찌나 나를 선대하는지 미안한 마음이 들었습니다.

내 가방을 손수 들더니 자기를 따라오시면 된다고 하기에 처음 보는 리우의 풍광을 보면서 길을 걸었습니다. 걷다 보니 이상합니다.

주차장은 공항 바로 앞에서 왼편으로 쭉 펼쳐져 있는데 우리는 오른쪽 길에서 한참 걸어가고만 있는 것이 아닌가. 이제 길모퉁이만 돌아가면 공항 건물도 안 보이게 됩니다.

나는 뭔가 잘못되었다는 생각이 들었습니다.

그 순간, 나는 그 청년의 손에서 내 가방을 빼앗아 쥐고서는 뒤도 돌아보지 않고 오던 길을 냅다 달렸습니다.

빈손도 아니고 무거운 가방을 들고도 내가 그렇게 날렵하게 잘 뛴다는 사실에 스스로도 놀랐습니다. 한참 뛰어서 공항에 다 와서 돌아보니 청년은 더 이상 보이지 않았습니다.

공항에 들어가서 처음 출구 그 자리로 갔더니 김우식 장로님께서 나를 먼저 알아보시고는 "한 목사님이시지요?" 하고 인사를 건네셨습니다. 시간이 많이 지났고 탑승객도 다 나왔는데 보이지를 않아서 항공편 승객 명단까지 확인했답니다. 분명히 도착했는데 어디에 있었는지 궁금했다고 하셔서 방금 있었던 일을 말씀드렸더니 얼굴이 갑자기 흙빛으로 변하셨습니다.

"그 못된 것들이 또 수작을 부렸네." 하셨습니다.

왜 얼굴이 흙빛이 되셨으며 그 못된 것들은 과연 누구일까?

나로서는 풀 수 없는 숙제이지만, 악의 구덩이에서 요셉을 건져내신 여호와 나의 아버지께서 불쌍히 여기신 은혜가 아니면 설명할 길이 없습니다.

하와이 연합부흥회

미국 하와이 주찬양교회를 목회하고 있는 봉영찬 목사님은 일산 새빛교회 손성기 목사님과 함께 용산구 강변교회에서 맺은 소위 강변 삼총사입니다.

하와이에는 한인교회가 여러 곳 있는데 목회의 뜻을 같이하고 있는 우정의 목회자들이 함께 모여서 '어깨동무'라고 명명했습니다.

수요일 저녁부터 주일 오후예배까지 진행하는 부흥회를 인도해 달라고 나에게 요청해 왔습니다.

그리고 부흥회가 끝나면 교역자 일일 부부 수련회도 요청했습니다.

목사로서 인격 미달인데다가 소양 부족인 것은 온 세상이 다 아는데 한 교회도 아니고 장로교회, 감리교회, 성결교회, 순복음교회 목회자들 무려 아홉 교회가 연합예배를 한다니 내가 예배를 집례해도 되는 것인지 수락을 해놓고도 잠이 오지 않았습니다.

은혜가 되면 천만다행이지만, 아홉 교회 목사님들과 성도님들에게 은혜와 감동이 없으면 비싼 돈 들인 것도 아깝거니와 절친 내 친구의 얼굴도 못 볼 것이 분명했기 때문입니다.

다들 교회가 작기 때문에 이승만 박사 기념관에서 연합부흥사경회를 한다고 알려오니 '호떡 장수 아들이고 제기동 뚝방에서 자란 탓에 문화적 소양도 전혀 없는 천한 인간인 내가 가능한가?' 오랫동안 되뇌었습니다.

이병국, 이규현과 함께 효자동 규현이네 2층에서 크리스마스 이브 날 예배를 마치고 밤늦게 놀 때 화장실에 가서 소변을 보고 공동 수도와 공동 화장실만 쓰던 터라 양변기 사용을 몰라서 물을 못 내리고 한참 연구만 하다가 결국 그냥 나왔던 적이 있었습니다.

제기동 안암제일교회에 다닐 때는 장성춘 목사님께서 포니 승용차를 처음 사셔서 나를 데리고 종로3가 승동교회를 가셨었는데 버스 외에는 자가용을 처음 타본 터라 내릴 때 손잡이를 찾지 못해서 얼굴이 빨개졌습니다. 목사님이 웃으시면서 "한 선생!" 하고 부르시더니 고리를 잡고 열어주셔서 하차했던 나였습니다.

오른쪽 폐가 결핵을 앓았던 병력이 있어서 제 기능을 다하지 못하기에 에어컨을 쐬기가 힘든데 하와이는 더울 텐데 예배 시간마다 어떻게 하나 걱정이 앞섰습니다.

예배는 새벽예배가 목, 금, 토 3회, 저녁예배가 수, 목, 금, 토 4회, 주일 낮 11시, 오후 2시, 월요일 교역자 부부 수련회까지 모두 10회였습니다.

은혜의 부담도 걱정, 에어컨도 걱정이었습니다.

성도님들은 이렇게 목사답지 못한 부족하고 천한 인간임을 다 알고 있는데도 차마 말을 안 하고 있을 것입니다.

그런데 봉영찬 목사님이 전화로 이승만 박사 기념관이 오래된 건물이라서 에어컨이 고장 났는데 수리가 힘들고 기간도 오래 걸려서 천상 부흥사경회가 끝나고 나야 고칠 수 있으니 에어컨 없이 예배해야 한답니다.

나에겐 복음이었습니다. 이 얼마나 기쁜 소식인가요.

그 다음 날에는 대한항공에서 연락해 오기를 창사 기념으로 하와이행 손님 중에서 한 명을 추첨해서 일등석 왕복항공권을 선물하는데 한상균 승객께서 당첨되었다는 것입니다.

이렇게 신기한 일이 인간의 노력으로 될 수가 있을까요.

가난하여 잘 먹지 못해 영양실조로 걸린 폐병을 성령 하나님께서 손으로 만지시고 치료해 주셨는데 이 초라한 함량 미달의 인간을 쓰시려고 비상대책을 준비하시니 감사할 뿐입니다.

우리 교회 성도님들은 담임목사님이 하나님의 은혜로 이렇게 겨우 살아가고 있는 것을 아마도 전혀 모르겠지요.

이탈리아 베다니합창단

피렌체교회와 뻬루지오교회에서 목회하고 있는 강광선 목사님께서 이태리선교 10주년 기념예배를 요청했습니다.

서울신대 M. Div는 3년제 6학기인데 강광선 목사님은 1학년 가을학기에 화곡동 벧엘교회에서 이태리에 선교사로 파송받았으니 그 자체만으로도 놀라운 영성과 사명의 소유자입니다.

게다가 서울신대 M. Div 수업과정을 마치려고 이태리에서 한국을 매주 오가면서 나머지 전 과정을 다 마치고 졸업까지 했습니다.

그 근면성실함과 체력건강과 그 생활의 부요함이 부럽기가 한량이 없습니다.

지금도 주일 낮예배는 뻬루지오에서 집례하고 운전하여 피렌체교회로 몇 시간을 이동하여 오후에 주일예배를 집례하며 수십 년간을 목회하고 있습니다.

베다니찬양단은 강광선 목사님께서 목회하는 그 교회의 성도님들과 직접 함께 사역하는 찬양단입니다.

강 목사님은 성악을 전공하신 성악가이시니 찬양을 은혜롭게 참 잘하십니다.

베다니찬양단 20여 명과 같이 스위스, 독일, 프랑스, 영국, 이태리, 오스트리아, 네덜란드, 벨기에 있는 유럽 한인교회를 순회하는 기회가 있다고 해서 나는 그 찬양단 예배인도자로 같이 동역했습니다.

그림으로만 보았던 네덜란드 풍차 옆을 지나가는데 한적한 시골길이 평온합니다.

하나님의 은혜가 감미롭습니다.

찬송이 절로 나옵니다.

내가 무슨 계관시인이나 된 것처럼 시구가 떠오릅니다.

네덜란드 푸른 하늘에 눈으로 '한상균' 이름을 새깁니다.

한 열 번은 더 넘게 새겼습니다.

감격해서, 하나님의 은혜가 놀라워서 잊지 않으려고 썼습니다,

이렇게 은혜가 새로운데 빈센트 반 고흐는 네덜란드 암스테르담신학교를 그것도 우등으로 졸업하고도 왜 자살했을까? 사람들은 그 자살한 빈센트 반 고흐의 그림을 왜 그렇게 사고팔까?

아름다운 네덜란드 암스테르담에서 예수 그리스도의 유일성을 부인하고 성경의 권위를 부정하는 세계교회협의회(WCC)가 시작되었으니 믿기지 않습니다.

1948년 44개국 147명, 그 WCC를 창립할 때도 이렇게 평온하고 아름답지 않았을까.

그때 그 사람들 한 번만이라도 하늘을 쳐다보았다면 차마 WCC를 만들지 못했을 것입니다.

호박잎

부천 고강동 건우아파트 근처에는 개인이 일구는 텃밭이 많습니다.

주택도 아직은 개발이 시작되지 않아서인지 여기저기 가끔 한두 채씩 있습니다.

아내는 첫 아기를 임신해서 이 여름나기를 힘들어했습니다.

건우아파트는 5층 건물인데 2층 방 세 칸짜리 중 큰방은 주인 부부가 살고 우리는 나머지 두 칸에 세 들어 살았습니다.

2층을 오르내리기도 힘들어했습니다.

서울신대 M. Div에 재학 중인 신학생인 나는 강변성결교회에서 사례비 160,000원과 서울신대 최종진 교수님 조교 연구비 100,000원 그리고 최종진 교수님 개인이 점심값으로 당시 교내식당 한 끼 식판 식사가 450원이었는데 매월 30,000원씩 그 값을 주셨습니다.

신학생 신분으로 가정 살림이 빈약하기가 그지없었습니다.

임신 중인 아내에게 아무것도 해 줄 수 없었습니다.

어느 날인가, 창밖을 내다보던 아내가 말합니다.

아파트 담장 밑에서 자라는 호박잎에 된장을 넣고 쌈을 싸서 먹고 싶답니다.

얼른 내려가서 벌레 먹지 않고 아주 연한 연두색 잎으로만 한 움큼 땄습니다.

아내가 입맛이 없어 했는데 잘 쪄서 된장에 쌈 싸 먹고 힘을 조금이라도 얻을 생각에 절로 기분이 좋았습니다.

갑자기 큰 소리로 "누가 호박 도둑질하느냐!"고 고함을 쳤습니다.

돌아보니 뒤에서 60대로 보이는 초로의 어른이 호통을 치면서 내게로 쏜살같이 달려오더니 손에 쥐고 있던 호박잎을 다 빼앗았습니다.

내가 어떻게 키웠는데 젊은 놈이 대낮에 도둑질을 하냐고 야단을 치시니 싹싹 빌면서 죄송하다고 연신 용서를 빌었습니다.

나는 대학원에 다니는 학생인데 사실은 아내가 임신 중이고 형편이 그래서 임산부를 잘 돌보지 못했는데 갑자기 이 호박잎을 보고 먹어 보고 싶다고 하길래 그랬으니 죄송하다고 용서를 구했습니다.

주인이 잘 키운 것을 허락도 없이 호박잎을 땄으니 참 잘못했다고 연신 빌었습니다.

그런데도 그 호박잎 주인은 파출소로 가자고 했습니다.

빼앗은 호박잎은 땅바닥에 내동댕이치고 발로 밟았습니다.

아내는 2층 창밖으로 이를 보다가 울었습니다.

파출소로 가려는데 마침 집주인 아주머니와 마주쳤습니다.

알고 보니 집주인 아주머니는 그 동네 통장이었고 그 지역에 오래 거주한 터라 호박잎 주인과도 막역한 사이였습니다.

사건의 전 내용을 듣고 나서 집주인이 말했습니다.

"아저씨, 집에 와서 애기 낳고 산후조리하고 있는 딸을 생각해서 한 번 너그럽게 용서해 주시지요."

그 말에 호박잎 주인은 얼굴이 갑자기 빨개지더니 다음부터는 조심하라고 한마디하고 총총히 저만치 갔습니다. 그 호박잎 주인 아저씨는 며느리도 출산을 눈앞에 두고 있었다고 합니다.

호박잎을 보노라면 지금도 그 밭이 눈에 선합니다.

그 따님과 그 며느님도 호박잎을 먹겠지요.

쑥개떡

연두색은 내가 제일 좋아하는 색깔입니다.

새봄의 색이고, 새 생명의 색이기 때문입니다.

폐병이 나를 찾아왔을 때가 12월 9일 초겨울이었습니다.

그 후에 한 겨울 내내 각혈을 하다가 새봄이 되어 나무에 연두색이 피어오르니 내게도 한 가닥 소망이 빛으로 다가왔기 때문이었습니다.

겨울은 온 세상이 마치 죽은 것처럼 다 얼고 숨소리조차 없었는데 새봄의 계절이 오니까 급격한 시간의 변화가 바로 색깔의 변화였기 때문입니다.

연두색은 시간이 죽은 것이 아니고 살아있음을 스스로 증명해 보이는 소리 없는 아우성이었습니다. 연두색은 새 생명이 움트는 것으로 자기 자신을 인간 세상에 드러내 낙엽이 되어 떨어지기까지 보는 생명으로 하여금 늘 희망을 줍니다.

이영옥 집사님께서 그 연두색이 짙은 쑥으로 새봄의 전령자인 쑥개떡을 만들어 가져오셨습니다.

시장에서 쑥을 사다가 만든 것이 아니고 직접 들에 나가 새순을 손수 뜯어다가 집에서 빚은 것이라고 했습니다. 목사님 드리려고 만들었으니 맛있었으면 좋겠다고 하셨습니다.

적당한 초코파이 크기에 연두색이 아주 물씬 배었습니다.

스무 개를 선물하셨습니다.

한 개씩 호일로 정성껏 쌌습니다.

그 집사님의 정성과 사랑이 얼마나 값진가.

새봄 연두색은 쑥개떡으로 지금도 집사님의 사랑을 맛보고 있습니다.

내가 목회를 잘못하고 인격이 그 집사님의 기대에 미치지 못해서 지금은 아깝게도 교회를 떠났습니다. 춘계대심방 중에 부평역사 앞 우체국 뒤편에 있는 2층 한정식당에서 심방 성도님들과 들어가고 그 집사님은 나오다가 서로 마주쳤습니다. 10년 만입니다. 아니, 10년도 더 되었을 것입니다.

"집사님, 많이 보고 싶었습니다. 이규진 집사님, 아드님 이인표 군도 잘 있는지요?" 안부를 묻고 내가 그 옛날 목회가 미숙한 탓에 교회를 떠난 것에 대해 사과를 하고 용서를 구했습니다.

내 가정과 교회도 안부를 묻기에 하실 수 있으시면 다시 부평현대교회로 돌아오시라고 했더니 예의상 작은 소리로 "예!" 하는 것 같이 들렸습니다.

세월이 흘러서 그 아드님 이인표 군과 우리 교회 우희원 양이 결혼한다는 소식이 있습니다. 축복된 일입니다. 기뻐해야 할 경사입니다.

결혼예배 순서 중에 나는 대표기도를 맡았습니다.

하나님의 은혜가 임재하여 앞으로 이인표 장로님, 우희원 권사님이 되어서 위격과 품위가 넘치도록 축복기도를 했습니다.

이영옥 집사님께서 아주 건강하시고 평안하셔서 새봄이 될 때마다 연두색이 짙은 쑥개떡이 청라에도 넘치고 그중에 한 개만 부평으로 달려오도록 대문을 활짝 열어 주셔요.

생선 대가리

남의 집에 세 들어 사는 형편이니 말은 집이라고 써도 내 집은 아닙니다.

학교에서 수업을 마치고 안암동 고려대 후문 입구 개운산 밑에 있는 집에 거의 다 왔습니다. 주인집 할머니는 혼자 사시는데 체구가 건장해서 우리 식구들은 '고릴라 할머니'라고 불렀습니다. 물론, 고릴라 할머니는 그 사실을 모릅니다.

알면 우리를 내쫓았을 것입니다.

집에 가까이 가니 어머니께서 집 대문 앞에서 리어카 상인에게서 물건을 사고 계셨습니다. 고등어, 동태와 같은 생선을 파는 행상입니다.

어머니께서 나를 보시고 무척 당황하시는 모습이 역력했습니다.

간단하게 "학교 다녀왔습니다." 하고 인사를 하고 발걸음을 떼는데 상인과 어머니가 주고받는 대화가 들렸습니다.

"이만큼이면 충분하지요?"

상인이 말하니까 어머니는 생선 대가리는 어차피 팔지 못하고 버리는 것이니 더 달라고 하십니다.

"개가 많은가 보네요. 도대체 몇 마리를 키우는데 이것도 모자라요?" 하면서 다 가져가라는 것입니다. 나는 순간 '우리 집은 개가 없는데 무슨 개지? 사람 먹을 양식도 없는 호떡 장수집인데 개는 무슨 개?' 하고 생각했습니다.

온 식구가 다 둘러앉아서 저녁 식사를 했습니다.

동태 대가리를 큰 냄비에 넣고 김치에 푸성귀를 다져넣고 끓인 찌개가 상에 올랐습니다.

아무리 퍼내도 생선살은 없습니다.

고등어 대가리는 프라이팬에 구워서 아버지께서 고양이가 울고 갈 정도로 가시를 발라서 드십니다.

알고 보니 우리 식구는 모두 개였습니다.

하나님의 은혜가 임해서 나의 아버지 한양수 명예장로님은 지금 이 시간 그리운 나라 천국의 자녀가 되셨습니다.

흰 고무신

서울 동대문구 제기동 뚝방에 살 때입니다.

나는 서울 만리동에 있는 양정고를 다녔습니다.

제기동 고려대 앞에서 34번 버스를 타면 이 버스가 신설동, 청계천, 한국산업은행, 명동 계성여고, 남대문시장, 서울역 고가를 경유해서 만리동 양정고를 오고 갑니다.

분기별 월사금은 35,000원 정도가 나왔는데 제때 내지 못해서 늘 행정실에, 그것도 꼭 수업 시간에 교직원이 호명하면 수업을 하다가 말고 불려가곤 했습니다.

등교용 검은색 신발이 다 닳아서 더 이상 신을 수가 없게 되었습니다.

학교는 가야 하는데 신발이 없었습니다.

이럴 줄 알고 며칠 전부터 여러 번 말했지만, 아침마다 성경책 크기의 봉지 쌀을 사다가 밥을 짓는 가정인데 신발을 여유 있게 구입하는 것은 애초부터 불가능한 일이었습니다.

그래서 할 수 없이 아버지가 집에서 신으시는 낡은 흰 고무신을 신고 집을 나섰습니다. 양정고 교복에는 양쪽 소매에 흰 줄이 한 개씩 있습니다.

그런대로 흰 고무신이 잘 어울렸습니다.

버스를 타려고 고려대 앞 정문까지 걷는데 행인들이 나만 쳐다봅니다.

버스 안에서도 나만 봅니다. 어이가 없었는지 웃지도 않았습니다.

학교에 도착하니 교련 선생님이신 한우동 규율부 지도 선생님이 나를 부르셨습니다.

"야, 한상균. 너는 마 자식이 규율부면서 니가 먼저 모범을 보여야지!" 하며 엎드려 뻗쳐를 시키셨습니다. 고3 담임이신 김동환 선생님은 얼굴이 어둡습니다.

교무실로 부르시더니 "한상균, 너 왜 그래? 요즘 너 무슨 문제 있냐?" 하셨습니다.

"선생님, 아무 문제없어요. 그냥 가난해서 신발을 못 샀을 뿐이니 걱정하지 마셔요."

지금은 내 동생 한영미 집사님이 7년 전에 경기도 이천에서 사준 구두를 신고 있습니다.

계양산에 갈 때는 아내 노은경 씨가 사준 등산화를 신습니다.

나는 신발이 무려 두 개나 있는 부자입니다.

초콜릿

지금은 없어졌지만 1980년대까지만 해도 주일 낮 오전 9시에 교회학교 주일예배를 마치면 오후 2시에 어린이 예배가 있었습니다.

어른들이 국민소득 3만 달러 시대가 되니 겉멋이 들어서 주일 밤예배를 폐지하고 오후에 종교 행사로 서둘러서 때우고 나니까 그 시간에 예배하던 어린이 오후예배가 지금은 침몰했습니다.

그 어린이들이 자라서 성인이 되니 주일예배 성수가 얼마나 성경적인 축복인지도 잊고서 이제는 그 형식적인 오후예배도 안하고 주일 낮에만 손님처럼 교회에 잠시 들르는 것입니다.

하영진 전도사님께서는 주일 낮예배는 당신이 꼭 집례했지만, 오후예배는 반사들이 서로 순회로 말씀을 인도케 했습니다.

나도 고려대 앞에 있는 안암제일장로교회 초등부의 자랑스러운 반사였으니 오후예배 말씀의 차례가 왔습니다. 긴장하고 떨려서 다리가 후들거렸습니다.

한참 말씀을 전하고 있는데 같은 초등부 교사인 고려대 경영학과 재학 중이었던 김동수 선생님이 강단 옆으로 오더니 내게 살며시 말했습니다.

"지금 전쟁이 나서 실제 상황이니 한 선생님 빨리 예배를 마쳐야 합니다."

주기도문으로 예배를 마치고 TV 뉴스를 보니 프로야구장에서 관중이 다 운동장을 빠져나가는 장면을 TV 화면에 가득히 중계하고 있었습니다.

안암제일장로교회는 고려대 안암동 로터리에서 고려대 정문 사이에 야트막한 언덕 위에 그림같이 서 있습니다. 그 언덕길에 실제로 군인, 경찰들이 나와서 치안을 지키고 있었습니다. 시간이 지나서 알려진 사실은 이웅평 북한군 소령이 미그기를 조종하여 자유를 찾아서 대한민국으로 월남한 것이었는데 그날이 마침 주일이었던 것입니다.

이렇게 심각한 날이었는데 나는 잊을 수 없는 신비한 날이 됩니다.

안암제일장로교회 언덕 밑에는 개운산으로 갈 수 있도록 4차선 도로에 육교가 있습니다.

그 육교 끝에는 지금도 더 커진 우신향병원이 있습니다.

'이웅평 소령 사건'이 오후에 어느 정도 마무리되자 나는 그 육교를 지나서 개운산 밑에 있는 집으로 갔습니다. 육교를 다 내려가서 모퉁이를 도는데 누가 "한 선생님!" 하고 부릅니다.

박내인 장로님의 따님인 박금주 초등부 피아노 반주 선생님이셨습니다.

손에 무엇을 쥐어 주고는 얼른 자리를 떴습니다. 길쭉한 작은 상자를 선물포장지로 감싼 한 뼘 남짓한 크기였습니다.

집에 오면서 '만년필을 선물로 주시나 보다.' 하고 생각하니 기분이 좋았습니다.

호떡 장수 아들이 선물을 다 받다니 기적입니다.

우리 집 형편을 모를 리가 없습니다.

내가 아버지 호떡 노점을 청소하고 포장을 올리고 내리는 모습을 여러 번 본 적이 있기 때문입니다. 집에 오자마자 풀었더니 기대하던 만년필이 아니고 초콜릿 세 개였습니다.

대실망이었습니다. 뜻밖에도 초콜릿이 아닌가.

기존 초콜릿 포장은 벗겨내고 파란색 종이, 흰색 종이, 빨간색 종이, 마치 프랑스 국기 삼색으로 재포장한 뒤에 다시 선물포장지로 감싼 다음에 내게 준 것이었습니다.

그나마 한신애 둘째 누나가 다 먹어 버렸습니다.

세월이 40년이 흘렀습니다.

남의 일인 줄 알았는데 회갑이 되었습니다.

내 생애 만년필은 단 한 번도 써 본 일이 없이 생애를 마치는 중입니다.

중학교 2학년

서울 제기동 뚝방 왼쪽 끝 정릉 방향에 제기동장로교회가 있습니다.

중고등부 학생회에서 여름 수련회를 간답니다.

1970년대에는 기도원이 수련회 최적지였습니다.

경기 청평 근처인 한얼산기도원으로 간답니다.

나는 안 가기로 마음먹은 지 이미 오랩니다.

어머니께서 호떡 팔아서 주일 헌금을 주면 절반은 만화 가게에 가서 만화를 보고, 절반만 교회에 헌금했습니다. 50원을 주면 만화를 서너 권 볼 수 있었습니다. 주인이 한눈을 파는 사이를 틈타서 몰래 한두 권을 더 보곤 했습니다.

아버지는 고려대 앞에 리어카 노점에서 호떡을 팔고 뚝방에는 일곱 식구가 좁은 방 한 칸에 살고 나는 서울사대부중 2학년에 다니고 있었습니다. 1975년이었습니다.

우리 집은 가난했고 친구들에게 늘 비교가 되는 것이 싫었습니다.

공부는 못하고 동네는 달동네고 뚝방이니 개천 냄새가 엄청 났습니다.

여러 가지로 마음도 생활도 마뜩찮은데, 주일예배도 겨우 오고 가는데 무슨 기도원, 그것도 이 무더운 한여름에. 그래서 이미 안 가기로 마음먹은 것이었습니다.

그 주간 주일예배를 마치고 몰래 집으로 도망 오다가 뚝방 입구에서 나를 기다리고 계시던 신승구 전도사님과 마주쳤습니다.

아버지 리어카 노점을 가리키시면서 "상균아, 너 커서 이 다음에 아버지처럼 호떡 장수할래? 네가 잘 커서 고생하시는 아버지, 어머니께 효도해야 하지 않느냐? 네가 부모님을 보호해 드리려면 네가 꼭 하나님의 은혜를 받아야 한단다. 지금처럼 공부도 못하고 주일예배도 하기 싫어하고 헌금 주면 만화책이나 보고 기도원에도 안 가려고 핑계나 대고 그러면 미래가 없단다."라고 말씀하셨습니다.

그날 나는 더 심술이 났습니다.

마치 죄를 짓다가 들키면 민망한 그것이었습니다.

여름수련회를 떠나는 날, 청량리 근처 경동시장 오른쪽에 마장동 시외버스터미널이 있었는데 학생들이 제각기 수련회 짐을 들고 갑니다.

내게는 솥단지가 맡겨졌습니다.

그 시절에는 삼시 세끼를 직접 밥을 지어 먹으면서 부흥회에 참석했었습니다.

월요일 밤 7시에 예배를 시작하면 평일은 새벽 5시, 오전 11시, 오후 2시, 밤 7시, 토요일 새벽에야 끝나던 시절이었습니다.

지금은 교회들이 하나님 앞에서 시건방을 요란하게 떱니다.

부활 신앙고백의 상징인 주일 새벽예배도 폐지하고 주일 밤예배도 안하고 주일 낮예배는 겨우 1시간 내외로 마치고 하나님의 말씀은 14,700군데나 오류 번역해서 2011년도 합동 측 제96차 총회에서 밝혔듯이 무오한 성경을 돈벌이 수단으로 변질시키기까지 했습니다.

교회와 신학교는 상업시설보다 못한 영업장인 강도의 굴혈로 타락시켰습니다.

게다가 2013년 10월 30일, 예수 그리스도를 부인하고 성경의 절대 권위조차 부정한 혼합신앙과 종교 다원주의의 표상인 제10차 WCC(세계교회협의회)를 부산에서 개최하여 하나님을 배교했으니 우한폐렴보다 더 심각한 화염을 곧 맞이할 것입니다.

그때 그 기도원 시절에 여유가 있는 사람들은 기도원 밥을 식당에서 매식했는데 사람들이 어찌나 많았는지 식권을 사러 긴 줄에 서서 기다려야만 했습니다.

여유가 없는 사람들은 쌀과 부식, 솥단지를 직접 들고 와서 밥을 해서 먹어가면서까지 하나님의 은혜를 갈망했었습니다.

이렇게 하나님의 은혜를 사모했던 그 시절을 잊지 않으시고 6.25전쟁의 참상으로 폐허가 된 이 땅 위에 한강의 기적인 대한민국을 선물로 허락하신 것입니다.

여름 수련회를 시작했습니다.

그 일정은 한얼산기도원의 부흥회 예배에 참석하는 것이 전부였습니다.

월요일은 지루하고 화요일은 덥고 수요일은 짜증나고.

기도원에 안 가기로 마음먹은 상균이가 신승구 전도사님의 양심에 찔리는 권유를 못 이기고 거절 못해서 그 무거운 솥단지를 두 손으로 들고 제기동에서 마장동 터미널까지 들고 온 것입니다. 한얼산기도원 입구에 내려서는 또 그 솥단지를 다시 들고 약 2킬로미터 떨어져 있는 기도원까지 와서는 지금 산모기에 물려가며 목욕은커녕 사람이 너무 많아서 세수도 어려운 이 무더위에 밥까지 했습니다.

그러던 목요일 새벽예배를 또 억지로 참석해서 마지못해 예배하고 있는데 문득 이런 생각이 들었습니다. '이 사람들이 믿는 하나님이 진짜로 있나? 있으니까 이 고생을 하면서 예배하는 것이 아닐까? 무엇이 이 사람들을 이 무더위에 이렇게 이끌었을까? 오늘 밤에는 뒤에서 앉아 있지 말고 앞자리에 앉아서 위아래로 하얗게 차려입고 말씀 전하는 저 이천석 목사님의 말씀에 집중해 보자.'는 생각이 나를 뒤흔들었습니다.

그날은 목요일 밤이었습니다.

앞자리에서 예배하니까 북 치는 사람이 있어서 귀가 아팠습니다. 그 시절에는 부흥회 시간 예배 때마다 북을 치고 박수하면서 엉덩이가 들썩거릴 정도로 찬송을 했었습니다.

짜증이 났지만, 참고 마음 먹은 대로 그냥 있었습니다.

흰옷을 차려입은 강사 목사님이 말씀을 전하고 계신데 강단 앞 십자가 위로 뭉게구름이 피어오르는 것이 보였습니다. 나는 순간 더운 여름철이라서 사람이 많아서 그 열기로 전기가 누전되어서 불이 났다는 생각이 들었습니다.

그런데 시간이 많이 지났는데도 불꽃이 안 보이고 흰 안개 같은 구름만 계속 보였습니다.

나중에 윤은희 전도사님께 편지를 보냈더니 당신도 그날 보았다고 답신을 해왔습니다.

윤은희 전도사님은 그날 말씀을 전하신 이천석 목사님의 며느님이셨습니다.

이천석 목사님은 "여러분, 잠들지 말고 산 기도하라."고 그 많은 성도님들을 기도원 뒷산 잣나무 숲으로 내쫓았습니다. 나도 신기한 광경이 있는 터라서 아무 저항 없이 잣나무 아래에 자리를 깔고 앉아서 기도했습니다.

잠시만 기도하고 내려가서 잠자려고 했는데 얼마 시간이 안 지났는데 종소리가 뎅그렁 뎅그렁 하고 울렸습니다. 잠깐의 시간이 새벽이 다 되도록 시간 가는 줄도 몰랐던 것입니다.

그 종은 지금도 한얼산기도원에 가면 볼 수가 있습니다. 새벽 5시에 새벽기도회가 있다고 30분 전에 알려주는 초종이었습니다.

목요일 밤 예배 시간부터 금요일 새벽에 이르기까지 하나님은 한상균을 만나 주셨습니다.

회개를 시키셨습니다.

슬라이드 필름 지나가듯이 한 장면씩 스쳤습니다.

기도한다고 분명히 눈을 감았는데 뚜렷이 보여주셨으니 기도에 몰입한 것입니다.

기도는, 회개는 인간의 의지로 되는 것이 아닙니다.

혀가 내 의지에 관계없이 다른 말을 하기 시작합니다.

성경에 쓰여 있는 방언이었습니다.

마음이 가볍습니다.

평안하고 참으로 기쁩니다.

내 자신이 초라하고 천한데 왜 그동안 이 하나님 앞에서 불평불만이 가득 차서 부정적인 말만 골라 하고 매사에 핑계만 대고 남 탓만 했을까?

집 없는 사람도 많고 밥 굶는 사람도 많고 부모가 없는 사람도 많고 신체가 불편한 사람도 많고 심지어 나라가 없는 사람도 많은데 내가 왜 그렇게 생각했는지 참으로 불쌍한 나를 발견한 귀중한 시간이었습니다. 서울사대부중 2학년이니까 1975년 7월 셋째 주 목요일 밤예배와 금요일 새벽은 너무나도 신기한 새날이었습니다.

토요일 새벽예배 후에 솥단지는 늦게 합류한 청년부 육준호 선생님께 맡기고는 한얼산기도원에서부터 제기동 뚝방의 집까지 걸어왔습니다. 당시에는 부흥회가 월요일 저녁에 시작하면 토요일 새벽예배로 성료하던 시절이었습니다.

포플러 잎사귀가 찬송가 노래를 부릅니다.

계곡의 물도 찬송을 같이합니다.

새들도 구름도 바람도 다 같이 여호와 하나님을 찬송합니다.

그리운 나라 천국에 가면 중학교 2학년 때의 그 감동과 그 은혜가 더 새로울 텐데 얼른 하나님 품에 가는 것이 내 생애 마지막 존귀이며 희망입니다.

무릎 꿇기

목회자는 성품도 온유하고 성경적인 지식도 매우 깊고 성직자다운 인격 수양과 인간 관계 또한 원만해야 합니다. 그런데 나는 그 어느 것도 제대로 갖춘 영역이 없는 일천한 사람입니다. 하나님의 은혜가 임해서 교회를 개척하게 되고 하나님께서 성도님들을 불러 모아 주셔서 목회를 할 뿐입니다.

전도사 직분은 1991년 2월 기독교대한성결교회 총회 인천동지방회 부평제일교회에서 예배 중에 시취되었습니다.

목사 직분은 1997년 5월 14일 기독교미주성결교회 제18회 총회 LA 남서부지방회 Union Church에서 안수를 받았습니다.

약 30년간 목회를 하면서 여덟 번이나 성도님 가정을 찾아가서 "내가 인격이 부족해서 잘못했으니 용서하시고 교회를 떠나지 말고 함께 예배생활하자."고 무릎을 꿇고 빌면서 진심으로 울기도 했었습니다.

주일 낮 예배 시간에 성직자로서 성의를 착의하고 온 성도님들이 다 보는 앞에서도 어떤 장로님께 "내가 인격 수양이 부족해서 마음을 흡족히 못해 드렸으니 용서해 주시라."고 말씀드리면서 큰 절로 넙죽 무릎을 꿇은 적도 있었습니다.

대제사장 가야바는 예수님 얼굴에 침을 뱉고 주먹으로 때리고 손바닥으로 때렸어도(마 26:66-68) 예수님은 그 인격모독과 수모를 한마디 말없이 다 견디셨는데 교회가 평안만 할 수 있다면 무릎을 꿇는 일은 아무것도 아닙니다.

이해하기가 어려운 일은, 목회를 배려 않고 교회와 성도님들의 평안을 깨면서까지 자기주장을 관철하려고 난동을 일삼는 교인들에게 무릎을 꿇고 빌면서 "이유 불문하고 다 내 탓이니 용서해 달라."고 호소했지만, 단 한 사람도 한 가정도 남지 않고 모두 다 교회를 떠났다는 것입니다.

지금까지 그렇게 여덟 번을 무릎 꿇었더니 30년 세월이 지나갔습니다.

그때마다 교회는 평안해졌고 안정을 되찾았습니다.

이제는 간절하게 소망해 봅니다.

남은 목회 기간에는 무릎을 꿇는 일이 일어나지 않기를, 아니, 없기를 간절히 바랄 뿐입니다. 하나님 앞에서 그리고 교회 앞에서 죄가 너무나도 많아서 나는 목사가 되었습니다.

태국에서 캄보디아로 가는 길에

태국 북쪽에 치앙마이가 있습니다.

대한민국으로 치면 부산과 같은, 방콕 다음가는 제2 도시입니다.

치앙마이공항에서 자동차로 서너 시간 더 올라가면 산마을에 라후족이 살고 있습니다.

그곳에 라후선교센터가 있고 이형국 선교사님이 나에게 치앙마이신학교 강의를 요청했습니다. 한 주간 신학교 강의를 마친 후에 서울로 귀국하지 않고 다시 방콕을 경유해서 캄보디아 프놈펜으로 가야 했습니다.

캄보디아 프놈펜의 홍성철 선교사님께서 캄보디아신학교 강의와 주일예배 말씀을 요청했기 때문입니다.

방콕에 도착한 것이 오후 늦은, 저녁이 거의 다 된 때입니다.

창밖이 어스름했습니다.

다시 출국심사를 했습니다.

내가 탑승해야 할 탑승구에 와서 시간을 기다리고 있는데 방금 출국심사를 했던 태국 공무원이 가까이 옵니다. 꼭 경찰 제복을 입은 것같이 위압감을 풍깁니다.

앉아서 일을 볼 때는 몰랐는데 가까이서 보니 키가 아주 작습니다.

제복과는 안 어울렸습니다.

나는 업무가 있어서 자기 길을 가는 줄로 알았습니다.

그런데 내게 와서는 말을 건넸습니다.

"선생님(Sir), 캄보디아에 간다고 하셨지요? 무슨 일로 가셔요? 아직 시간이 이르지만, 저녁 식사는 하셨나요? 저는 일이 다 끝나서 퇴근하는데 우리 함께 식사해요."

참으로 난감했습니다.

난생 처음 외국인 여성으로부터 선대를 받아서 몹시 당황했습니다.

외국인을 떠나서 한국 여성에게도 선대를 받은 일이 없었기 때문입니다.

누가 나같이 보잘것없고 천한 사람에게 선대하랴.

한눈에도 별볼일없는 초라한 사람처럼 보일 텐데.

그때 여권에 받았던 캄보디아 비자를 확인해 보니 비자 번호가 TF 004591××이고 비자 기간은 07/11/08-07/02/09이니 내 나이 48세 때였습니다.

그 태국 여성은 분명 20대이고 아가씨였습니다.

아무리 나이를 무리하게 얹어도 30대 초반입니다. 저녁 식사를 할 수가 없었습니다.

탑승구 주변에는 저녁 식사할 수 있는 식당이 마땅치 않을 뿐만 아니라 젊고 예쁜 외국 여성으로부터 이렇게까지 후대를 받으니 몹시 당황해서 정신이 아주 산란했기 때문입니다. 김미애 집사님의 명언대로 목사님도 남자인가 봅니다. 그냥 이런 얘기, 저런 얘기를 하다 보니 지금은 미혼이며 태국 남쪽에서 부모님과 함께 살다가 근무 때문에 방콕공항 근처에 있는 직원 숙소에서 지낸다고 합니다.

예수님은 믿지 않고 기독교에 관해서 예수님, 성경을 전혀 몰랐습니다. 나를 선생님이라고 부르면서 선생님의 흰머리와 생김새가 마음에 쏙 든다고 했습니다. 그래서 저녁 식사를 같이하고 싶어서 출국심사를 할 때 행선지와 탑승구를 메모했다가 왔다니 그저 감사했습니다.

꼭 한 편의 외국 영화에서나 나올 법한 장면이 아닌가요.

한 생애를 살면서 같은 민족이 아닌 언어, 문화, 역사, 종교조차 전혀 다른 이에게서 이렇게 선대를 받으면 그냥 그 자체가 단편소설이 되기에 충분합니다.

시간이 많이 지났습니다.

그녀가 먼저 "식사는 나중에 하고 탑승하셔요."라고 했습니다.

탑승 시간까지 알고 있었습니다.

내 손에 들고 있던 탑승권과 여권을 달라고 하더니 여권 뒷면에 무엇을 씁니다.

그리고 목례하고 갔습니다.

무엇을 썼나 하고 보았더니 이름과 전화번호였습니다.

내가 그날 전한 예수님과 천국 복음이 그 영혼을 변화시켜서 그 가족과 태국을 복음화하는 데 전령자가 되기를 바랄 뿐입니다.

48세의 나이에도 황순원과 같은 잊지 못할 소나기를 썼습니다.

교회 개척

노량진역 언덕 위에 건영아파트가 있습니다.

그 아파트가 신축되고 입주가 1997년도 겨울철이니 벌써 20여 년이 흘렀습니다.

건영아파트 상가 2층에 30평 조금 안 되는 상가를 2억 6천만 원에 계약하고 한강교회라고 임시간판을 종이에 큼직하게 써서 유리문 앞에 붙이고 주일예배를 했습니다.

성결교회의 모교회인 종로5가 중앙교회 이만신 목사님께서 교구 담당 부목사로 청빙하고 싶다는 연락이 왔습니다.

반갑기도 하고 고민도 되었습니다. 어떻게 해야 할까?

마침 그 유명한 IMF가 한국 사회를 강타해서 개척이든 건축이든 모두 곤경에 빠졌습니다.

지금은 한국도자기 상무님이시지만, 그때는 과장님이셨던 임용관 집사님께서 2백만 원을 개척 첫 헌금으로 하셨는데 제법 큰 액수였지만 다 돌려드렸습니다.

그리고 사면초가를 벗어나고 하나님의 은혜를 얻기 위해서 기도에 몰입했습니다.

지금은 신설동으로 이전했지만, 그때는 충무로 한화빌딩 내에 한국도자기 본사가 있었는데 직원예배를 인도하면서 교회를 개척했던 때였습니다.

역경과 위기 때는 기도가 최고의 지름길이기 때문입니다.

평창동 뒷산이 삼각산인데 그 봉우리에는 바위가 많습니다.

그 바위 틈에서 하나님께 여쭈었습니다.

서울남지방 회장님은 영등포교회 강영선 목사님이신데 호출을 했습니다.

그 교회는 본당이 지하인데 아주 얕은 경사로를 따라서 성도님들이 앉은 의자가 강단을 향해서 도열된 구조입니다.

강 목사님께서 내게 말했습니다.

"한 목사, 미안하다. 개척서류를 다 잃어버렸다."

헤브론교회 목사님이 당시 서기였는데 그 서류를 넘겨받아서 읽는 과정 중에 분실했다는 것입니다. 나는 하나님의 응답으로 받았습니다.

개척의 희망은 그렇게 사라지고 중앙교회 남교구 담당 부목사로 목회 방향을 바꾸었습니다.

오죽 사람이 못났으면, 얼마나 준비가 덜 되었으면, 얼마나 기도가 충분히 채워지지 않았으면 남들 버젓이 다 하는 교회 개척을 실패한단 말인가.

나는 하나님의 종이지만, 하나님께서 보시기에 충분히 준비가 안 된 그릇이어서 쓰임과 용도가 없었던 것이었습니다.

하나님께 부름을 받고도 아브라함은 41년 후에, 모세는 40년 후에, 야곱은 20년 후에, 다윗은 7년 후에, 바울은 8년 후에, 그리고 근본이 하나님의 본체이시며 동등하신 예수님조차도 40일을 훈련받으신 것을 생각할 때 나는 나 자신이 벌레요, 구더기(욥 25:6)인 것을 미처 깨닫지 못했으니 참으로 초라한 인간이었습니다.

무엇이든지 하나님 은혜의 때가 있습니다.

중국 심양의 북릉교회를 아시나요?

1993년 6월 28일, 중국 심양 서탑사거리 오른편에 있는 북릉교회에서 '이성봉 목사 북릉교회 재건예배'가 있었습니다.

이 교회를 복원하기 위해서 한국도자기 성봉선교회 총무간사로 있으면서 중국 심양을 다섯 번 다녀왔습니다. 춘천중앙교회 윤철중 목사님, 교단 총무를 지낸 우순태 목사님 등 강원 서지방 10여 명의 목사님들께서 이성봉 목사님의 넷째 따님이신 이의숙 권사님과 함께 북릉교회에 직접 가서 윤철중 목사님의 설교 말씀으로 헌당까지 했습니다.

오래전에 천국에 가신 김세진 장로님의 공헌이 참 컸습니다.

대한항공 편으로 김포공항에서 네 번째로 중국 심양에 입국할 때, 김세진 장로님께서 "한 전도사님, 이번에 들어오실 때는 성경책을 많이 가지고 입국하시라."고 부탁해서 기드온 성경책 400권을 짐으로 부쳤습니다.

입국할 때 예전과 같지 않게 자꾸 알아듣지도 못하는 중국말로 무엇을 묻고 또 묻지만 나는 뜻을 몰라서 서 있었습니다.

두 시간 정도 지나자 공안 몇이 와서는 어디론가 내 양팔을 잡고서 데려갔습니다.

순간 무서웠습니다. 무슨 일인가? 무엇에 문제가 있나?

책상도 없는 빈 방에 의자도 없이 나를 세워놓고서 다들 나갔습니다.

그러고는 또 몇 시간이 지났습니다.

한 여자 공안이 들어오더니 기드온 성경책 한 권을 보이면서 말합니다.

"신분이 무엇이냐? 심양에는 왜 왔느냐? 당신은 관광객이 아니다."

그때야 성경책이 생각났습니다. '성경책에 문제가 생겼구나.'

1992년도에 중국과 국교가 수립되었는데도 문제가 되나 했습니다.

밤이 되었습니다. 밤 9시입니다.

이 중국인들은 그 긴 시간 동안 내게 저녁 식사는커녕 물 한 컵도 안 주었습니다.

11시가 훨씬 넘었습니다. 하도 힘들고 어지러워서 그냥 찬 바닥에 누웠습니다.

시간이 얼마쯤 지났을까.

김세진 장로님이 방으로 들어오셨습니다.

"한 전도사님, 미국 돈 얼마나 가지고 있나요?"

이의숙 권사님께서 주신 경비 1,000달러와 김세진 장로님께 선교비로 드리라고 주신 500달러가 전부였습니다. 장로님은 다 달라고 하셨습니다.

모두 다 드렸더니 계급이 높아 보이는 어떤 공안에게 1,200달러를 주었습니다.

그리고 300달러는 다시 내게 여비로 주셨습니다.

나는 그 방과 그 공항에서 나왔습니다. 새벽 3시가 넘어서 잠들었습니다.

말로만 들었던 참으로 공포의 시간이었습니다.

이성봉 목사님께서 그 옛날 중국 심양에서 목회하실 때 주일학교 어린이가 김세진 장로님이었습니다. 그 장로님의 소원이 그 북릉교회를 복원하여 하나님의 천국 복음을 전하는 것이었는데 수십 년 만에 하나님의 은혜로 성취되었습니다.

북릉교회 재건 10주년에 연락이 왔습니다.

이의숙 권사님께서 말씀 잘 전하고 오라고 하셨습니다.

2003년 6월 28일입니다.

10년 전에는 35평 정도 크기였는데 지금은 큰 대로변의 3층 건물로 성장했습니다.

1층은 교회 사무실, 자전거 두는 곳, 식당 등이 있습니다. 2층은 예배당인데 300명 정도가 모여서 예배했습니다. 3층은 교회 직원 숙소, 손님방이 있습니다. 모두 다 한족입니다. 조선족은 없었습니다.

　이 북릉교회 재건이 먼 훗날 노량진 근처 상도동에서 실패했던 한강교회 개척에 대한 위로가 될 줄 그때는 진정 알지 못했습니다.

　예수님의 핏값으로 세워져 가는 모든 교회는 이 세상에 존재하는 유일한 신적 기관이기에 오직 여호와 하나님의 절대 주권에 의해서만 지금 이 시간에도 지어지고 있는 중입니다.

행복한 사람은

남은 자 그 은혜

천신만고 끝에 꽃이 피었다고 다 열매가 되는 것은 아닙니다.

왜냐하면 비바람이 불면 가지에 붙어 있는 것보다 땅바닥에 떨어지는 것이 더 많기 때문입니다.

우여곡절 끝에 열매가 맺혔다고 다 수확하는 것은 아닙니다.

왜냐하면 태풍이 불고 전염병이 돌고 새가 쪼고 벌레가 먹는 변수로 인해서 수확을 앞둔 탐스러운 열매가 하루아침에 못쓰게 되기 때문입니다.

이렇듯이, 짐승이 아닌 인간으로 태어났다고 다 사람이 되는 것은 아닙니다.

왜냐하면 영혼이 병들어 생각과 사상이 뒤틀린 인간이 많기 때문입니다.

또한 교회를 다닌다고, 직분자이기 때문에 다 천국 백성이 되는 것은 아닙니다.

왜냐하면 회심하지 않은 종교인이 참 많고 성령의 은혜 그 감격을 소멸한 변절자가 너무나도 많기 때문입니다.

하나님 앞에서 과연 나는 누구인가?

꿈과 비전

Dream
꿈, 희망, 소원, 인생의 목표로서 행복을 성취하려고 자기를 실현하는 생애 그 목적입니다. 모든 인간은 예외 없이 누구나 나름대로 꿈(Dream)이 있습니다.

Vision
미래에 대한 원대한 구상, 장차 이루어질 이상적인 세계, 통찰력 있는 청사진으로서 하나님의 복음 그 말씀의 가치를 경험하고 그 은혜에 부응하려는 그리스도인의 거룩한 직무 그 소명입니다.

꿈(Dream)은 인생을 살면서 상황이 여의치 않으면 변경도 되고 좌절도 되고 결국은 포기도 할 수 있습니다.

꿈(Dream)은 인간의 감정과 그 생리가 아주 유사합니다. 일종의 자기만족이요, 자기최면입니다. 시대와 그 상황에 따라서 다양한 모습으로 옷을 바꾸어 입습니다.

그러나 비전(Vision)은 어떠한 역경과 시련이 있어도 오히려 더욱 더 강해지고 성령 하나님께서 임재하심으로 오히려 흔들림이 없고 어떤 시대와 상황 속에서도 일관성이 있습니다.

비전(Vision)은 믿음, 그 신앙고백과 뿌리를 같이하기 때문에 그가 나를 주관하시고 나를 통해서 구속사가 성취되는 하나님의 만족하심, 그 복음의 동역입니다.

청년들이여, 비전(Vision)을 통해서 꿈(Dream)도 이루셔요.

꿈(Dream)을 추구하다 보면 감정도 상하고 괴로운 일도 많지만, 비전 (Vision)에 순복하다 보면 인격도 변화되고 항상 행복해요.

사람의 감정선

이 세상에 우연한 언동은 없습니다. 반드시 필연적인 의미가 있습니다.

하나님의 말씀에 나를 맞추면 불평불만이 없지만, 내 생각과 감정에 성경 말씀을 빗대면 교회생활이 힘들고 결국은 정들었던 교회를 떠날 것입니다.

지금까지 교회를 이탈한 수많은 교인들의 언동은 약속이나 한 듯이, 모두 다 한결같이 자기 마음에 안 든다는 것이었습니다.

찬송가 498장 2절이 새롭게 생각나는 섣부른 가을입니다.

"말씀 위에 서서 내 뜻 버리고~ 주만 붙드네."

진정한 참된 부자

이 세상, 과연 누가 부자인가요?
나를 낳아준 부모님께서 지금도 곁에 계신 자식이 제일 부자입니다.

이 세상, 누가 제일 가난한가요?
보고 싶어도 더 이상 볼 수 없으므로 부모님이 곁에 안 계신 고아 자식입니다.

이 세상, 누가 과연 행복한가요?
예수님 곧 하나님 아버지께서 늘 함께 동행하시는 믿음의 자녀입니다.

이 세상, 누가 제일 불쌍한가요?
아직도 예수님 곧 하나님의 말씀 따라서 살지 않고 믿음 없이 제멋대로 사는 교인입니다.

행주산성

넥타이 감으며 철없이 달려가던
한적한 가을날은
하나님과 상관없는 자유로운 낭만을 만들기에 충분했다.

낭만과 아주 흡사한 방황은 지구본을 소유케 하였고,
자유를 빙자한 방종은 가슴 깊이 솟고 있던 눈물을 거침없이 마르게 했다.

철컹거리던 자정의 전철은 더욱 그 힘을 더해가지만
슬픈 구름에 가린 양광은 지금도 찾을 길이 없다.

잊혀진 젊음의 시간 속에 보이지 않는 대나무 끝은
휘몰아치는 꽃잎 몇 개에 가려져 오늘을 상실케 하고 있다.
하나님의 웃음은 이젠 색이 바래졌고
그 굳은 손은 아득한 저 하늘가로 멀어져만 가는데
오늘은 행주산성에 올라
태평양의 푸른 바다와
뉴욕의 밤하늘을 노래한다.

1984. 10. 17. 행주산성에서

조선일보

구비 구비
넘어가는 꿈길 곁에
탁, 신문 던지는 소년

매일 매일
밟혀도 아프지 않도록 아침부터
툭, 치고 가는 인정

숨이 가쁜 세상을
쫙, 펼치면
비좁은 행간에 기대어
씩, 미소 짓는 대한민국

한겨레 신문

한겨레 신문은
또 하나의 눈을 뜨게 하고
한겨레 신문은
또 다른 귀를 열어준다.

한겨레 신문은
미국의 계관시인 프로스트가 그렇게 궁금하게 여기던
가지 않은 길을 가게 하고

미국 맨해튼에 자리 잡은
뉴욕타임스까지
시선 또한 곱게 한다.

커밍 아웃 오브 디 아이스

눈 덮인 시베리아 벌판
그곳에 우뚝 서서 버티어 내는
인간의 신념, 그것은 사악한 시베리아를 녹여내고
마침내
자유의 땅으로 가는 사내

일관성 있는 인생 45년을
하루처럼 참아내고 만 그 남자
웃어버리기엔 너무도 슬픈 인간 이야기이다.

빅토르 호르만 다드
그가 살아 있다면 그는 분명히 하나님의 사람이 되었으리라.
인내의 겨울은 생명을 강하게 하기 때문이다.

참아내기엔 인생이 짧은 추억들로 얼룩져 있고
기뻐하기엔 그 전주곡이 빨리도 끝난다.

1987. 7. 14.

한얼산기도원

전나무 힘겹게 눈 한아름 안고 있다.
그 밑엔 거의 쓰러져 가는 한 어머니
자식 이름 부르며
얼굴에는 눈물이 얼어붙다.

나의 어머님을 본다.
지금은 세찬 겨울바람이 이는 새벽의 어느 하늘,
한여름 밤의 밤하늘도
이처럼 별빛이 눈부시지는 못했으리라.

1987. 2. 20.

천마산기도원

무성한 잣나무 숲 사이로
바위 하나 있어 나의 발길 멈추게 한다.
하늘은 제법 따가우나 이곳은 서늘함이 감도는 계곡
이 땅에 태어나 가장 큰 소리 질러댔다.

인적 없는 길
깊은 밤
오늘 밤도 잠이 올 것 같지 않다.
정든 양지바른 곳에 눈물로 자란 잣나무가 바람 소리로 나를 부른다.

1991. 4. 25.

내려가는 길

가장 고되고 어려운 노릇은
잘 내려갈 줄을 알아야 한다.

멸시받을 때
천대받고 질병으로 고생할 때
주님 마음에 흡족하도록
끝까지 낮아질 수만 있다면
이것은 나의 소원이다.

올라가는 것은 누구나 잘 한다.
그러나
내려가는 길이란 얼마나 고되고
어려운 일인가.

1992. 9. 15.

그리운 아버지 하나님

세월이 흘렀네
많은 세월이 갔네
다시는 돌아오지 못할 세상속으로
인생이 가네
얼마나 눈물을 흘렸는가
얼마나 울면 이 세상이 가나
세월이 빨리 가서 내 그리운 나의 아버지 보기를 원하네
아무도 침범할 수 없는 그곳
그곳은 아버지 나의 하나님 가슴
오늘도 찾고 찾으면서 그 가슴을 더듬네

거기는 나만의 세상, 울고 웃다가 얼굴 바라보면
언제나 나의 눈과 마주치는
나의 아버지 하나님 말씀하시네
사랑한다고 그러면 나는 울고 말지
아무도 나를 사랑하지 않는 세상
하나님의 음성 그 손길 나의 영원한 곳
나의 아버지를 보고 싶네 간밤에도 얼마나 울었는지
빨리 오시면 좋겠네 언제나 오시려는지
그것만이 나의 꿈이네 나의 소망이지
아버지 하나님 유년 시절에도 내게 손잡고 오셨네

나의 아버지 하나님은 나의 장년에도 버리지 않으시네
머리카락이 백수가 되어 기력이 쇠하여
길목 어귀에 지척이고 있어도 나를 붙들어 주시네
나의 아버지
그 음성 그 손길 때문에 오늘까지 숨을 쉬고 있네
내일도 숨을 쉴까?
아버지 하나님께서는 나를 지켜 주시지
얼마나 보고 싶은 그 얼굴인데
나의 주님께 목소리 높여서 찬송하지
울어도 소리쳐도 발버둥쳐서 힘이 쇠하여
헛다리를 짚어도 사람은 비웃으나
나의 아버지는 한 번도, 단 한 번도 나를 비웃지 않으셨지
그분만이 나를 비웃지 않고 나를 이해해 주셨지
오늘도 주를 이렇게 부르네
아버지 하나님 하면서
꽃 떨어지던 그 언덕을 아시나요?
숨 막히던 그 길을 아시나요?
나는 매일 잊고 살아가도
나의 아버지 하나님은
그토록 나를 잊지 않으시네
많이도 흘러버린 그 세월 속에
아버지 나의 하나님은
오늘도 나를 보고 계시지 나를 부르시지

나의 아버지 하나님
나의 기도를 응답해 주시네

참 좋으신 나의 하나님 아버지께 감사 찬송
할렐루야 나의 아버지 하나님께 찬송

변치 않으시고 인자하신 나의 아버지 하나님께 감사
언제나 오시려나 빨리 오셔야 좋을 텐데
오늘이라도 조금 있다가 오시면 좋겠네
나의 아버지 오늘도 아버지 무릎에 앉아서
가슴을 더듬어 가면서 하루를 시작했네
모든 것 다 변해도 변치 않으시는 나의 아버지께
감사 찬송, 인자하신 나의 하나님 아버지

오늘도 내일도
아버지 오실 날만 손꼽아 기다리네
오시면 좋겠네 오시면 좋겠네
나의 아버지 하나님
계절은 바뀌어도 내 아버지는 변치 않으시네
사람이 늘 호들갑 떨고 난동해도
나의 아버지 하나님은 항상 웃으시네
나를 좋아하시는 나의 아버지의 음성
언제나 나의 귓가에 맴도는 나의 아버지 하나님의 음성
날마다 나를 사랑하신다는 그 음성
나의 아버지 하나님의 손길
나는 오늘도 아버지 그리워서 웃다가 울고 있네

이제는 그만 울고 싶은데 나를 울리는 사람들
아버지 하나님 나의 아버지 가슴으로 오늘도 숨네

아버지 나의 아버지 하나님은 나를 울리지 않으시네
나의 아버지 하나님 나의 소망 나의 존재 나의 목적이네
들려오네 들려오네
나의 아버지 하나님의 다정한 그 목소리 그 음성

1996. 9. 9.

뉴욕의 하늘

댓바람에 싸리문을 열면 하루가 열립니다.
엄마는 호미, 아빠는 쟁기 들고 보릿고개로 일 갔습니다.
강낭콩 말리는 멍석에는 닭들이 졸고 있습니다.

툇마루 걸터앉으면 먼 산이 달려옵니다.
거북이 등짝 같은 소나무 밭에 누워 아이는 엄마를 기다립니다.
솔바람 꿈속에서 엄마를 만나고 있습니다.
개미들이 얼굴을 지나가도 모릅니다.

밭이랑에 쪼그리고 앉아 엄마는 김을 맵니다.
허리를 펴면 뼈 울음에 종달새 놀랍니다.
발가락 사이로 흙이 끼는 즐거움을 벗 삼아 아버지는 밭을 갑니다.
음매- 황소 콧노래 온 들녘에 가득합니다.
뻐꾹새 메아리 시냇물 되어 흘러갑니다.

엄마는 머위를 한아름 이고
아버지는 소꼴을 한 지게 메고 아이 곁으로 옵니다.
발걸음마다 펼쳐지는 저녁 노을은 가을의 편지입니다.

6월의 햇살이 푸른 하늘에 병풍처럼 수놓아집니다.
아빠 하나님의 얼굴이 구름 되어 지나갑니다.

가슴 시리도록 보고픈 아빠 하나님을 그립니다.

양파껍질을 다 벗기고 나면 허무하듯 뉴욕의 밤하늘은 감사입니다.

1997. 6. 31.

미국 NY 미주크리스챤 신문사 총무국장실에서

제3장 서간문
하나님의 선물들에게

아버지께 드리는 편지

저의 생각을 가감 없이 쓴 것입니다.

노여워하지 말고 읽어주세요.

단호해야 할 때 단호하지 못했다는 것.

아버지는 자녀들에게 늘

"상대가 해코지하여도 맞서지 말아라.

기꺼이 당하는 쪽이 되어라.

네가 이해해라.

네가 양보해 주어라."

라고 이야기하셨습니다.

그 가르침을 충실히 따라 산다면 저는 아버지와 타인의 인정을 받을 수 있겠지요.

그래서 저는 먼저 이해하고 배려하는 사람이 되고자 했습니다.

저의 경계선을 침범당하는 상황에서도 상대방의 심정을 헤아렸어요.

정작 저 자신은 오랫동안 이해받지 못하고 배려받지 못하면서도 알아채지 못했습니다.

때때로 제게 떠넘겨진 이 감정적 손실이 부당하다고 느낀 적은 있었지만…….

당하는 자가 받을 훗날의 더 큰 복을 상기하며 애써 잊곤 했습니다.

단호해야 할 상황에서 아버지의 말씀이 단호하지 못하도록 했습니다.

단호함을 배우기 위해선 제가 맺는 관계들을 사회에서 이루어지는 관계의 눈으로 바라보는 작업이 필요했어요.

오로지 좋은 사람이 되기 위해 혼자 감당해 오던 것들을 어느 날 공적인 성격의 거래와 비교해 보니 일정한 보상을 받아 마땅한 일이 대부분이었음을 알았습니다.

사람들과의 친교에서 저는 거진 내어주고 이해하며 가능한 한 상대의 편의와 사정을 들어줍니다.

그저 옳은 행동이라고 믿기에 바라는 것 없이 그렇게 하는 저였는데…….

언젠가부터 제 삶에 '왜?'라는 의문이 등장했습니다.

'어째서 내가 계획하는 일마다 이렇게 효율적이지 못한지, 이토록 내 정신은 늘 어수선하며 왜 만남 후엔 더욱 내 기분은 가라앉는 것인지' 참으로 의아함이 들었습니다.

즐겁기 위해 맺은 관계의 대부분이 저에게 상당한 부담을 지웠던 것인데 당시엔 그 사실을 또렷이 지각하지 못하였더랬습니다.

그래서 내면을 직시하는 카운슬링을 시작해야 했지요.

저의 진짜 속마음은 당일에 급작스레 약속을 취소하는 지인의 태도를 참을 수 없어 했습니다.

저의 깊은 곳에 자리한 진짜 속마음은 나만 계속해서 주곤 하는 관계에도 서운함을 품고 있었습니다.

그러한 진짜 제 감정과 처음 마주쳤을 때 저는 몹시 당황한 나머지 그런 스스로를 옹졸하다며 꾸짖기에 바빴지요.

하지만 곧 마음을 샅샅이 탐색하는 과정에서 자책은 서서히 잦아들었습니다.

여행사에 해놓은 예약을 별안간 취소하면 얼마의 위약금을 물어야 하는지 자연스레 저의 경우와 연결 짓게 되었습니다.

이전에는 이런 공적인 규칙들을 제 생활에도 일관되게 적용할 수 있으리라곤 생각해 보지 못했습니다.

외국 여행사의 규정은 국내의 그것보다 훨씬 더 까다로워서, 심지어는 70~80퍼센트의 위약금을 부담해야 한다는 말에 사정을 무릅쓰고 여행을 다녀와야 했다는 일화 또한 전해 듣게 되었습니다.

이처럼 사회에서의 한 번 결정된 약속을 번복하거나 변경하는 것엔 비용이 청구된다는 것, 사전에 양해를 구해야 하며 심지어는 일정한 금액을 보상으로 요구할 수 있다는 사실을 의식하게 되었지요.

그제서야 제 머리를 떠나지 않고 맴돌던 '왜……?'라는 물음이 해소되는 것 같았습니다.

'왜 내가 진정 원하는 것들은 중요하게 여겨지지 않고 늘 뒷순위로 밀려나는 것인지, 상대방을 배려하는 선한 일을 했음에도 왜 내 마음은 이리도 불만에 차 있는 것인지'를 알게 되었습니다.

저는 약속 당일이 되어서야 만날 수 없게 되었다고 통보하는 사람에게 아무렇지 않은 얼굴로 괜찮다고 말했지만, 그녀 때문에 제 하루의 일과는 엉켰으며 계획은 미뤄지거나 없던 일이 되곤 했던 것이지요.

그녀의 그러한 일이 반복될 때마다 저는 제 소중한 시간들을 효율적으로 사용할 수 없었습니다.

내면의 서희는 불공정한 거래를 끊임없이 고발해 왔는데, 정작 제가 제 귀를 막았던 까닭은 '당연히 이해해야 할 나의 몫'으로 여겨 무언가 잘못되었을 가능성에 대해서는 검토조차 하지 않아서였습니다.

당당히 '나의 권리'를 주장해야 할 상황에서 이상한 죄의식이 매번 제 발목을 붙잡아 목소리 내는 것을 막았더랬습니다.

분별 없음으로 고통을 자처한다면 그건 자학의 한 형태이기도 할 테지요.

단호함을 배우지 못했기에 참! 힘들었습니다.

대부분의 사람들이 자연스럽게 아는, 어쩌면 제가 자연스럽게 알 수도 있었던 그것을 말입니다.

유년기와 청소년기를 거쳐 성인이 되고 난 뒤의 변화는 이미 굳어버린 진흙 작품을 다시 고치는 것만큼이나 힘이 들어요.

저는 뼈를 깎는 노력을 남들의 두 배로 해야 합니다.

그래서 아직도 단호해야 할 때 재빨리 능숙하게 대처하지 못합니다.

어떤 상황에서 누구에게 단호해야 할지 순간 판단이 빠르지 못하고 "어어!" 하다가 때를 놓치기 일쑤입니다.

그래도 참 다행이지요.

이제는 어렴풋이 가늠이나마 할 수 있게 되었으니까요.

단호함이란 개념조차 없던 제가 늦깎이로나마 올바른 기준의 필요성을 익힌 일은 큰 의미를 지닙니다.

오직 어릴 적 아버지가 제게 투사해, 인정을 받으려고 무리하게 감행하던 것들이 사실 불필요한 것이었음을 깨닫는 것, 그것이 제겐 돈으로 환산할 수 없는 만큼의 가치를 지닙니다.

"상대가 해코지하여도 맞서지 말아라.

기꺼이 당하는 쪽이 되어라.

네가 이해해라.

네가 양보해라."

때론 선한 의도가 그 결과까지 절대적으로 보장하지 않음을 우리는 알지요.

하나님은 당신의 자녀가 육체적으로나 정신적으로나 균형을 이뤄 건강하게 할 말을 다하는 자녀로 자라기를 바라실 것 같습니다. 하여 "비둘기처럼 순결하고 뱀처럼 지혜로우라"고 말씀하신 것일 테고요.

그런데 저 구절이 아버지께 이르러 균형을 잃은 채 반 토막만 전달된 셈입니다.

착하다는 말이 쓰이기에 따라 그 얼마나 속임당하고 조종당하기 쉬운 함정과 여지가 많은 말인지요? 왜 그렇게도 유난히 당할 것을, 그리고 맞서지 말 것을 강조하셨는지도 이해합니다. 비로소 이제는요.

그에 관해서는 후에 지면을 할애하여 더 길게 쓰고 싶습니다.

부족한 긴 글 지금까지 읽어주셔서 감사해요.

사랑하는 큰딸 서희 올림

신앙 간증문

안녕하세요?

고등부 회장을 맡은 올해 인천외고 3학년이 된 한권희입니다.

우선 저의 신앙을 점검할 수 있는 기회를 주신 하나님과 고등부 선생님들께 감사드립니다. 저의 진솔한 간증이 여러분들의 신앙생활에 도움이 됐으면 좋겠습니다.

제 아버지가 교회 목사님이시잖아요.

당연히 모태신앙으로 이 교회에서 유치부 때부터 신앙생활을 해왔고 자연히 다른 아이들보다 예수님과 그 말씀을 접할 기회가 많이 있었어요.

어렸을 때부터 매주 교회에 나가서 앞자리에 앉아 예배하곤 했는데 제가 확실히 말씀드릴 수 있는 것은 제가 좋아서 자발적으로 예배를 시작한 것은 아니었다는 거예요.

그런데 "믿음은 들음에서 나며 들음은 말씀으로 말미암는다."는 성경 구절이 있듯이 저 같은 경우에도 어렸을 때부터 말씀을 듣다 보니 믿음이 생겼고, 언젠가부터 부모님이 시켜서가 아닌 자발적으로 신앙생활을 시작하게 되었습니다.

제 기억에 남는 것은 중등부 때와 고등부에 올라와서 여름, 겨울에 수련회에 참석하는 과정에서 은혜를 많이 받았고, 평소보다 확실히 더 뜨겁게 찬양하고 말씀 듣고 기도하면서 하나님을 더 깊이 알 수 있었다는 것입니다.

예수님과의 첫 만남은 초등학교 2학년 때 성경학교 기간이었는데 그때 기도 중에 마음으로 제 죄를 용서받았다는 메시지를 받았습니다.

그런데 하나 말씀드리고 싶은 것은 예수님을 언제 만났는지, 그때 제 마음 상태가 어떠했는지도 물론 중요하지만, 은혜를 체험한 뒤 지금 우리의 신앙

상태나 생활 태도가 어떤지가 더 중요하다는 거예요.

보통 수련회 때 바짝 은혜를 받았다 하더라도 며칠이 채 못 가서 다시 원래 상태로 돌아오고 예전에 짓던 죄를 또 짓고 그런 경우가 많은데 솔직하게 말씀드리면 저도 사실 수련회 때 은혜를 많이 받아놓고서 금방 그 은혜를 잊어버리고 예전의 생활 태도로 돌아갔을 때가 굉장히 많았어요.

저는 스스로 예전에 하던 잘못을 반복하거나 죄를 지을 경우를 '무너져 내린다'라고 표현하는데 제 표현에 따라 저 스스로 '무너져 내릴' 때가 아주 많아요.

사실 죄인 줄 알면서, 내가 하는 행동이 잘못인 줄 알면서 고치지 못하고 자신의 힘으로 끊어낼 수 없다는 것이 아주 괴로운 일인데 예전에는 그렇게 저 스스로 무너져 내릴 때마다 '내가 하나님 자녀라면서 이래도 되는 건가', '내가 하나님을 만난 것이 맞긴 한가'라고 하며 구원 사실에 대한 확신을 갖지 못했어요.

그렇게 확신이 없으니 예수님을 만났느냐는 질문을 들을 때마다 은혜를 받아놓고서도 제가 구원을 받았는지, 천국에 갈 수 있는지에 대한 확실한 답을 내놓지 못하고 혼란스러웠던 적이 많았어요.

그런데 신앙생활을 하면서 깨달은 사실은 사람이 행동으로 구원을 받는 것이 아니라는 점입니다.

제가 비록 연약하고 수련회 이후에 삶의 현장에서 무너져 내리는 경우가 많다고 하더라도 예수님께서 내 죄 때문에 십자가에서 피 흘리셨다는, 돌아가셨다는 그 사실을 믿기만 하면 구원을 받는 것입니다.

비록 계속 잘못하고 죄를 지으면서 연약하기 때문에 죄를 짓는 것이라고 합리화하면 안 되는 일이지만, 제 힘이 아닌 은혜로, 하나님 앞에 제 스스로 바로 설 수 있도록 예수님이 오실 때까지 혹은 죽을 때까지 신앙생활을 지속하고 믿음을 지켜나가는 것이 중요하다는 것을 깨달았습니다.

지금도 연약하고 미래에도 어떻게 될지는 모르는 일이지만, 하루하루를 최선을 다해서 살려고 노력하고 열심히 싸워나가고 있어요.

고등학교에 입학해서 지금 고3이 되었는데 성적 때문에, 친구 관계 때문에 힘든 일도 많이 있었지만, 그래도 제 기억에 남는 것은 제가 고등학교 2학년 때부터 학교 내에 있는 '예배 모임'에 참석하기 시작했다는 것입니다.

예배 모임을 통해서 좋은 선, 후배들을 많이 만났고 공부와 친구 때문에 치이는 학교생활에서 그나마 신앙을 잃지 않을 수 있었던 것 같고, 작년 한 해 알게 모르게 저의 내면이 많이 성장할 수 있었기 때문에 힘들지만 지난 2년은 제게 좋은 추억이 많은 고등학교 생활이었습니다.

지난 삶의 과정에서 제가 겪고 체험한 하나님은 짧게 요약하면 '사람을 통해 일하시는 하나님', '채워주시는 하나님'이었습니다.

예를 들어볼까요? 저는 돈이 생기면 십일조를 따로 떼서 헌금으로 드리는데 놀랍게도 제가 의도하지 않은 곳에서, 사람들을 통해서 돈이 계속 생기는 체험을 할 수 있었습니다.

그리고 아버지가 목사님이시다 보니 성도님들께서 집으로 과일, 고기, 홍삼 등 귀한 음식들을 많이 챙겨주시는데 그 음식들이 다 떨어질 때쯤 또 다른 분들을 통해서 정확하게 채워주셔서 정말 매 끼니를 감사하게도 잘 먹을 수 있도록 해 주셨고 이런 사례를 통해서 삶에서 '채워주시는 하나님'을 경험할 수 있었습니다.

또한 아까 말씀드렸다시피 예배 모임을 통해서 좋은 믿음의 선배들을 붙여주셨고 예전에 친구 관계로 힘들어할 때, 실명을 언급하자면 재훈이 같은 좋은 친구를 제 곁에 붙여주셨습니다.

특히 새 학년 배정을 할 때 정말 저랑 관계가 어색하거나 불편한 친구들은 다 피해 갔고 심지어 교내 예배 모임에서 말씀을 전해주시던 선생님께서 저의 3학년 담임선생님이 되셨습니다.

지난주에 개학하고 나서 생활기록부를 확인하느라 정신없이 보냈는데 담임선생님을 비롯한 각 과목 선생님들께서 제 생기부를 정말 잘 써주셨다는 것을 직접 확인했고 이를 통해서 '사람을 통해 일하시는 하나님'을 경험할 수 있었습니다.

저는 나중에 외교, 그중 국제 분야 외교관으로 진출하고 싶은 꿈이 있습니다.

저의 아버지이신 한상균 목사님께서 저를 위해 기도하실 때마다 항상 해 주시는 말씀이 있습니다.

"교회에서는 존경받는 장로님이 되고, 세상에서는 하나님께 쓰임받는 공헌자가 돼라."입니다.

그리고 대학 진학이나 모든 일도 다 하나님의 은혜로 하라고 말씀해 주시는데 정말 그 기도대로 됐으면 좋겠다고 생각합니다.

생각나시면 제 꿈과 비전을 위해서도 기도해 주시면 감사하겠습니다.

지금까지 제 간증 들어주셔서 감사합니다.

한권희입니다.

우리 아빠!

아빠, 둘째 우희예요.

제가 결혼을 하다니 저도 안 믿겨요.

아빠가 늘 말씀하신 세 가지 가훈 - 예배, 밥, 공부!

평생 잊지 않고 그렇게 살게요.

목사님 자녀라서 좋고, 든든한데 우리 아빠 자녀라는 게 더 행복해요.

낳아주셔서 고맙습니다.

아빠 딸인 게 너무 좋아요.

그동안 아빠 속 많이 썩이고 속상하게 해서 죄송해요.

짜증 내고 불평만 했지, 사랑한다는 표현을 안 했어요.

실은 많이 사랑하는데.

아빠가 엄마, 그리고 저희 삼남매 다 책임지고 이끌고 많이 사랑하는 거 알아요.

마음에 걸리는 게, 지난번에 같이 강원도 갔을 때 아빠한테 못된 말 한 게 너무 죄송스러워요.

얼마나 후회하는지 몰라요.

용서해 주세요.

아빠랑 저랑 둘만의 추억이 새록새록 기억나요.

서울의 영국 WEC선교회에 따라다닌 것, 이탈리아 여행, 더 어릴 때 가평에 밤 따러 다닌 것까지요.

비 오는 날 파스타 먹고 싶다 해서 서울 여의도에서 파스타 사주신 것도 기억나요.

제가 커서 결혼하는 날까지 하나라도 더 해 주시고, 호주에 가서까지 나중을 위해 챙겨주시려 하고…….

아빠를 위해서 쓰지 않고 저를 위해 주시는 거 다 알아요.

반면에 저는 아빠한테 한 게 없어요. 받기만 하고요.

아빠가 유언이라고까지 말씀하신 것들 꼭 지키면서 살게요.

아빠처럼 살게요.

하나님께 축복받는 삶이 될게요.

기도, 기도, 기도하면서 살게요.

걱정하지 마세요.

아빠!

많이 보고 싶을 거예요.

사랑해요. 고맙습니다.

건강하셔야 해요.

아프지 마세요.

사랑해요. 사랑해요.

2016. 3. 4. 결혼 전날 밤
아빠를 사랑하는 둘째 우희 올림

하나님의 선물들에게

서희야, 우희야.
하나님께서 너희를 사랑하시는 것처럼
아빠도 너희를 너무나 사랑한단다.
내 딸들이 공부를 잘하는 것보다는
예수님께 예배 잘하고 맡겨진 일을
성실히 하는 것을 이 아빠는 더 좋아한단다.
1997년 3월 7일 금요일 AA 항공으로
밤 9시 21분에 JFK에 도착할 예정이란다.
은경 씨, 힘내고 사랑해요.

1997. 2. 28.
LA 출장 중
남편, 아빠가/미주 크리스챤신문사 총무국장 재직 때
(내가 가족들에게 쓴 유일한 편지)

한상균 목사님께

목사님, 안녕하셨어요.

이우기 집사입니다.

제 평생 목사님께 편지를 써 보는 것은 처음입니다.

먼저 목사님 내외분의 탁월하신 배려로 아무런 부족함 없이 현대교회에 정착할 수 있게 하여 주셔서 감사합니다.

지난 연말연시 스스로를 패배자의 삶이라 자책할 때 목사님이 주신 귀한 말씀들로 인하여 큰 힘을 얻게 하여 주셔서 감사합니다.

제가 해법영어교실을 준비하며 목사님의 심기를 불편하게 해드렸다는 생각이 들어 며칠 전부터 자꾸 목사님께 편지를 쓰고 싶어 하는 마음이 드는 것이 하나님이 그리하라 하시는 듯하여 오늘은 작정하고 펜을 들었습니다.

금번 4월 5일, 서구 당하동 영남 탑스빌아파트 101동 604호로 이사를 갑니다.

적합한 입지를 찾다가 이곳까지 가게 되었습니다.

교습소 자리를 알아보았으나 당하동의 마땅한 상가 임대료가 월 130만 원이나 되기에 감당하기 어려웠고 입주하는 탑스빌아파트 51평형의 평균 전세보증금 시세가 9천여만 원이라는 이점 때문에 아파트를 선택했습니다.

그러나 교회와 떨어졌고 어머니와도 멀어졌습니다. 지금도 제 선택이 올바른 것인지 잘 모르겠습니다. 물리적인 거리는 멀어졌으나 영적인 거리, 효심의 거리는 유지하려고 합니다.

기도를 했으나 확신을 갖지는 못했습니다.

제 신앙의 깊이가 이 정도밖에 되지 못합니다.

저는 목사님이 생각하시는 기준에는 미치지 못하는 사람입니다.

목사님께 편지를 쓰는 큰 이유는 수개월 전 새벽예배 시간에 "교회는 가까운 곳으로 나가라."고 하신 목사님 말씀 때문입니다. 그러나 저는 현대교회에서 계속 신앙생활하기를 원합니다.

십일조 생활도 제대로 하지 못하는 못난 성도이지만, 배척하지는 말아주세요.

아직 사람들이 낯설어 힘이 드나, 목사님을 만나게 해 주신 하나님 아버지께 감사드립니다.

목사님은 항상 저에게 악수를 청하시며 "감사하다."고 하시는데 저는 이해를 하지 못합니다. 감사는 제가 해야 하는 것이 아닌지요?

환절기에 건강에 유의하시기를 바라며 평안하시기를…….

2007. 3. 27. 이우기 올림

P.S. 목사님, 이 편지는 "off the record"로 해 주세요.
제 소심한 성격이 감당키 어렵습니다.

한상균 목사님께!

　오늘 현관문 앞에 붙여진 교패를 보고 한참을 그 아래 기대어 감사기도 드렸습니다.

　자주 집을 오가시는 친정어머니 때문에 차마 천주교 교패를 떼어내지 못한 소심한 절름발이 종교적 양심에 단호한 방향 제시를 해 주시고 총총히 걸음을 옮기셨을 목사님께 거듭 감사드립니다.

　혼자서 성경책을 읽다가 가끔, 가슴속에 벅찬 환희가 밀려올 때 "아, 내 비록 걸인이나 절름발이였을망정 주님의 말씀을 듣기 위해 2천 년 전 베세다 언덕에 올라앉은 군중 속의 한 사람이었다면 얼마나 행복했을까." 상상해 보곤 합니다.

　그러다 칼날같이 정확하고 명철한 목사님의 열정적인 설교를 듣노라면 가뭄에 갈라진 논바닥이 단비를 빨아들이듯 한없는 해갈의 기쁨을 맛봅니다.

　따뜻하고 넉넉한 마음을 나눠주시는 사모님과 목사님 두 분이 제 믿음의 씨앗이 뿌려진 시기에 가까이 오시게 된 것을 하나님께 진심으로 감사드리며, 두 분께 하나님의 축복이 신선한 공기처럼, 깊은 산속 마르지 않는 샘물처럼 늘 함께하시기를 간절히 기도드립니다.

박인화 집사 드림

남편 상균 씨에게

빗방울 소리를 노래 삼아 귀를 기울이면 온갖 사물들의 이야기가 빗물 되어 창가로 흘러내립니다. 온종일 비가 내리는군요.

오전에는 사랑방 성경공부 다녀오고 서희 짜장면 시켜서 점심 주고 학원 보내고는 고지서 몇 장을 챙겨서 은행에 갔는데 통장에 돈이 없다고 하니 얼마나 황당하던지…….

그래도 그렇지 금세 씩씩거리고 와서 남편에게 퍼대는 내 꼴이라니…….

내가 언제 이렇게까지 남편에 대해 몰인정하고 바가지나 긁고 매사에 손톱 세우고 몰아세우는 여편네가 되어 버렸는지 한심해 죽을 지경입니다.

전화 끊고는 가슴 아팠습니다.

이렇게까지 남편에게 화를 안 내도 되는 문제인데, 좀 더 이해 못하고 내 생각만 하는 스스로가 한심하고 속상했었어요.

아마 신혼 초였으면 전화상으로도 "상균 씨, 나 대신 수고해 줘서 고마워요." 이랬을지도 모르겠고.

아무튼 이번 일을 계기로 사과 편지를 쓰는 중입니다.

미안합니다. 화내는 것 조금씩 줄이도록 애쓸게요.

사실은 돈 찾아서 쇠고기도 사고(쇠고기뭇국 저녁 식사 때 드리려고) 토큰도 사고 화장지도 사고 관리비도 내야겠고…… 그런저런 생각을 했다가 당장 그 계획이 무산되어서 화나는 바람에……. 아무튼 오늘은 여러 가지 내 생각의 실타래를 조금 풀어보려고 펜을 들었습니다.

난 요즘 성경 쓰는 일과 영어 공부하는 데 시간을 많이 할애하고 있습니다.

수연이 엄마랑 친하게 지내고 과일가게의 다섯 살 난 아이를 한 시간 정도 챙겨서 유치원 보내는 것도 일이 되었지요.

병원 할머니 찾아가서 말벗해 드리고 우희, 서희 챙기고 숙제 봐주고 놀아주다 보면 시간 가는 것도 모르고 매일을 보내는 중입니다.

그러나 내 감정은 자주 허공을 맴도는 듯 힘들어지고 무언가 허전해져서 자주 휘청거리지요.

자주 당신 생각을 합니다.

한상균 씨, 생각만 해도 '내가 이 남자에게 속해 있구나. 날 평생 챙겨줄 남자가 이 사람이구나.' 안심이 되고 든든하면서도 왠지 무언가 비어 있는 듯해서 다시 되뇌이곤 한답니다.

한상균 씨는 껍데기만 내 옆에 있고, 알맹이는 어디 딴 데 가 있는 것같이 느껴져서 매번 확인을 하고 싶지만, 그렇지 않으면 불안해지고 가슴이 두근 거려서 자주 더듬어 확인하고 싶지만, 한상균 씨는 내게 멀리 있는 듯합니다.

이제 식상해진 탓일까요?

아니면 서로에 대해서 워낙 편해져서 무례해진 탓일까요?

나도 그렇고 상균 씨도 그렇고 서로에 대해 시큰둥하고 서로 손해 안 보려는 듯 자기 말만을 주장하는 모습을 자주 드러내서 나도 당신에게 실망하고 당신도 나에게 실망하겠지요.

부탁 하나만 해도 될까요?

나에게 조금 더 부드럽게 대해 주세요.

남에게 대하는 반만큼만 내게 관심이나 예의를 지킨다면 난 지금보단 훨씬 더 행복을 느낄 것 같아요. 그리고 그동안의 내 무례함이나 잘못을 용서하세요.

생각해 보니 내가 당신에게 잘못한 게 너무 많네요.

악처 그룹이 있다면 내가 단연 팀장이나 반장쯤 될 정도지요.

게다가 요즘 생리 중이라 마음이 더 혼란스럽고 정서적으로 불안하고 몸도 좋은 편이 아니라서……

그래도 상균 씨가 내게 매일 먼저 손을 잡아준다면 난 얼마나 행복에 겨워

할까요.

내게 소원이 있다면 당신이 먼저 다가와 주는 것입니다.

처음 내게 그랬듯이…….

내가 당신을 얼마나 사랑하는지 아세요?

당신의 성실하고 한결같은 생활 태도가 믿음직하고, 하나님에 대한 믿음과 가정을 사랑하고, 자기 자신에게 부단히 노력하는 모습에 나는 너무 감사하고 있답니다.

그리고 새로 안경 해 주고 옷 사준 것 감사해요.

나도 점점 괜찮아지는 당신의 아내가 되도록 노력할게요.

이해심 있고 보다 섹시해지고 매력 있는 여자가…….

사랑합니다.

1996. 3. 2.
아내 노은경

Happy Birthday

한상균 목사님!

제가 목사님을 2009년에 처음 뵈었으니 49세셨어요.

와우~~ 굉장히 어리셨네요, 그때는.

2017년 10월 24일 화요일 새벽에 조그마한 사건이 있었습니다.

제가 6시 25분에 귀가하는 탓에 에스더 데려다주는 데 문제가 생겼어요.

아버님께 전화드려 다행히 지각은 안 했어요.

새벽마다 부평구청역까지 6시 25분까지는 가야 해요.

제가 차를 가지고 예배 참석했기에, 게다가 조금 기도를 더 하느라 깜박 잊고 있었지요.

아침 7시 30분쯤 어머님과의 통화입니다.

어머님 : 기도하고 나오면서 너희 차 봤어.

　　　　차가 고물이라 못 움직여서 세워놨나 했지.

저　　　 : 아니에요. 목사님 기도 때문에 해결하느라 시간이 그렇게 된 줄 몰랐어요.

어머님 : 기도? 무슨 기도?

저　　　 : "돼 가지고"라는 4음절 때문에요.

　　　　"장로님 부인이 돼 가지고 새벽예배 더 해야 합니다."라고 기도하셨어요.

　　　　"부인으로서"라고 표현하셨으면 덜 그랬을 텐데.

　　　　"돼 가지고"라는 표현이 마음에 걸리잖아요.

　　　　기도하고 목사님 진심 어떤 건지 충분히 이해 못하면 시험들 수 있을 것 같아서요.

지난 주일 저녁예배 때 강사 목사님께서 마귀가 좋아하는 길이 "틈"이래요. 틈새 길이요.

기도하면서 평안해졌어요. 목사님 마음을 아니까요.

어머님 : 애, 너희 교회 목사님 같으신 분 없다.

벌써 설교의 방향이 다르잖아. 보통 설교 잘하신다는 목사님들 보면 감성에 호소하는 설교지.

이렇게 원칙적인 본문 말씀만 전하시지 않아.

저　　: 그렇지요.

어머님 : 그러니까 교인들(어머님은 교인들이라고 하셨어요.)도 대표기도하는 데 훈련받아서 진실 되게 하잖아.

저　　: 오늘 권사님 기도도 은혜스러웠지요?

어머님 : 그래! 지난주 첫날부터 다들 훌륭했어.

나는 니네 목사님 약하신 게 너무 안타깝더라.

한욱이랑 너도 니네 목사님 위해서 기도 많이 해야 돼.

건강의 축복 주셔서

말씀 오래오래 들을 수 있게.

저　　: 와~ 저희 목사님께서 어머님 말씀 들으시면 엄청 행복해하시겠네요.

어머니, 전 통화하면서 오히려 어머님이 더 멋있어 보이세요.

겨우 열흘 만에 목사님과 목회를 파악하셨잖아요.

어머님 : 에이! 뭘! 또 내 성향이 그래서 그런 것도 있겠지.

통화종료 시각 8시 20분쯤.

훨씬 더 많이 많이 칭찬하시고 격려하셨어요.

그날은 제 기도보다도 어머님과의 대화에서 은혜로운 종결을 얻었습니다.

목사님!

어쨌든 사랑합니다.

정말 아프지 마시고 하나님 은혜로 건강하시기를 기도합니다!!

문득문득 목사님 생각나서 기도(?)인지 아닌지 모를 바람을 아뢰기는 합니다.

목사님!

기회 되면 하늘나라 천국 얘기도 듣고 싶어요.

목사님!

늘 기도해 주서서 송구하고 감사합니다.

사랑합니다.

황지영 집사 올림

아버지께

아버지.

그저 하루하루를 묵묵히 살아내시다 보니

벌써 쉰여덟 번째 생신을 맞으셨군요. 축하드려요.

복숭아뼈 길이의 양말이 필요하다 하셔서요.

찾으시는 양말 한 족과 그것보다는 조금 길이가 있는 양말.

이렇게 두 족을 넣어두었답니다.

두 번째 것은 길지만 시보리가 없어서 조이지 않고 편안할 것이라 하네요.

직원의 설명입니다.

그나저나 아버지께 드리고자 했던 마음속의 말들이 정말 많은 저인데……

고작 양말 이야기로 서너 줄을 할애하다니요.

저는 알고 있습니다.

제가 아버지께 드릴 수 있는 가장 큰 선물은, 이런 물질적인 것보다 그냥 제가 제자리로 돌아와 있는 모습을 보여드리는 것이겠지요.

잘 알면서도, 이제는 어디서부터 손을 대야 할지 몰라 지푸라기라도 잡고 싶은 심정으로 살고 있습니다.

이런 말들을 들으니 참으로 기막히시지요. 예, 잘 압니다.

작년까지만 하여도 무척 호기롭게 "결혼하지 않겠노라." 소리쳐 말하는가 하면 마치 나에게는 내일이 오지 않는 것 마냥 그렇게 오늘만을 살았더랬습니다.

그러던 것이 채 일 년도 되지 않아 아버지의 말씀을 떠올리며 후회합니다. 늘 되뇌셨던 그 말씀이요.

"네가 언제까지나 젊을 것 같으냐. 미래를 준비하거라."

물론, 저는 지금도 젊습니다만, 더 이상 그때와 같이 어리지 않기에요.

그리고 이미 저의 한 번뿐인 20대가 무의미하게 지나갔기 때문에 부디 지금이라도 늦지 않았기를 바라는 마음뿐입니다.

"사람마다 각자의 속도가 있다."는 위안이 되는 말을 들었습니다.

예, 적잖이 평안해지더군요.

다만, 이 터널을 헤쳐 나갈 방법을 쉬이 모르겠습니다.

아버지, 그것 아셔요?

저를 포함한 우리 삼남매는 언제나 매 순간, 아버지를 의식하지 않은 순간이 없었습니다.

늘 아버지 마음에 들고자 했고 때론 그것이 좌절되어 폭력성으로, 반항심으로 나타나거나 했던 것 같습니다.

혹은 과도하게 아버지 기분을 맞추고자 눈치를 보았고요.

그런 모습들이 당신의 눈에 모두 비쳤기에, 젊은 아버지에게는 그때의 서희가 마냥 곱게 보이지만은 않았으리라 짐작됩니다.

(제가 잘못 짚었다면 용서하셔요.)

아버지의 관심을 두고 우희는 저를 미워했고요.

결혼식 전날 그 아이가 직접 고백한 것이니 진정성 있지 않을는지요.

서른이 넘은, 어른이 되어 버린 저는, 사실 지금도 아버지의 그 관심과 사랑을 갈구하지만…….

그렇지만 자진해서 눈 밖에 난 이제 더 이상 바랄 수 없는, 아니 내가 발로 걷어차 버린 그것(짐짓 관심 없다는 듯 고개를 돌리고 살아가지만), 막내 동생의 독차지가 되어 버린 아버지의 관심과 사랑을 언젠가는 좀 더 '건강한' 방식으로 가져볼 수 있기를 바랍니다.

가족 구성원 중 아버지와 저는 비슷한 기질을 지닌 만큼 서로를 가장 잘 이해하리라 믿기 때문이에요.

더욱이 그때에는 마침내 이탈한 제 삶 또한 올바로 궤적을 되찾지 않을까요…….

좀 더 어릴 적의 저는 "어머니, 아버지처럼 살지 않을 거야." 입버릇처럼 말하곤 했는데요.

이제야 어머니, 아버지와 같은 그 평균치의 삶마저 살아내는 데 얼마나 많은 노력이 필요한 일인지를 알았습니다.

역시 세상엔 쉬운 일이 결코, 하나도, 없는 것이었습니다.

대학에 들어가는 것, 쫓겨나지 않고 잘 마치는 것, 한 직장에서 오래 일하는 것, 배우자를 만나 결혼하는 것, 이혼하지 않고 결혼생활을 성공적으로 유지하는 것, 아이를 낳아 키우는 것, 내 집 한 칸 마련하는 것 등…….

지금까지 말한 것이 평균적인 '보통'의 삶이라면 지금까지의 저는 단 하나도 끝마치지 못한 채 대학에 들어가서 지금까지 머물러 있는 셈입니다.

요즈음 들어 혼자 있는 제게서 흐느낌이라든가 울음소리 같은 것을 많이 들으실 텐데요.

맞습니다. 너무 우울감에 빠지지 않으려 노력합니다.

아버지……! 이 모든 것은 다 제가 자초한 일입니다.

지금부터 하나씩 매듭을 풀어나가겠습니다.

저는 아버지의 머리를 닮아 할 수 있을 것입니다.

설령 사람의 힘으로 하지 못하더라도 하나님께 도와주십사 부탁드리겠어요.

생신을 축하드리고자 펜을 들었는데…….

엉뚱한 이야기만 잔뜩 늘어놓고 말았습니다.

좋은 취지로 시작한 것인데, 아버지, 죄송해요…….

또 한 가지, 언젠가 지나가는 말로 드렸던 말씀이요.

배우자를 위한 기도를 같이 해 주십사 여쭌 것, 진심이랍니다.

그리스도의 가정을 꾸리고 싶어요.

아버지가 물려주신 신앙의 유산, 가정예배 말이에요.

계속해서 이어나가겠습니다.

저는 모두 기억하고 있거든요.

그 옛날, 권희가 태어나기도 이전에 미국 뉴욕에 도착해서 우리 가족이 퀸 즈장로교회에서 살아갈 때, LA에 도착한 날 벽장 안에 들어가서 예배드린 것. 노량진 상도동 한강교회에서 개척예배를 신문지 깔고 드린 것……

비록 자랑스러운 딸이 되어드리지 못했지만, 우리 집의 가훈인 예배(신앙), 밥(건강), 공부(역할) 이 세 가지만은 이후로도 지키고 실천하며 살도록 하겠 습니다.

브라질 아마존, 참 험한 곳을 2주간이나 가 계신다니 벌써부터 걱정이 앞 서네요.

오지 중의 오지라 들었는데 지금까지와 같이 무사 귀환하셔야 좋으련만.

이제는 많이 연로하시고 더욱 노쇠해지셔서 모두의 걱정이 이만저만이 아닙니다.

제발 조심, 또 조심하셔요.

아버지 한 분만을 바라보고 있는

가족들과 성도님들이 많습니다.

제가 언제나 기도합니다.

제가 기도한다면, 웃을 이가 한둘이 아니지마는(저도 압니다).

우리 아버지, 하나님의 목회를 하시느라고 인간으로서, 한 사람의 남자로서 어찌 보면 삶의 낙은 다 버리셨노라고요.

인생의 기쁨이라든가 누구나 가질 법한 그 흔한 취향 같은 것, 관심, 취미, 수집 한 번 해 보지 않으셨다고. 아니, 못하셨다고요.

왜? 오로지 하나님의 일, 바로 목회에 정진하시기 위해서 다 포기하신 것.

그 고충을, 그 노고를 하나님께서 알아주셔야 합니다.

주님께서 알아주지 않으시면, 모른 척하시면 그 누가 알아줍니까.

안 됩니다. 반드시 하나님께서 이 과정들을 낱낱이 보고 계셔야 한다고요.

정말 제가 그리 기도해요. 아버지.

이 또한 제가 장녀이기에, 그래도 아버지와 기질이 비슷하기에 우리 삼남매 중 할 수 있는 말일 것입니다.

사족이 길었습니다.

다시 한 번 쉰여덟 번째 생신을 축하드리며 다 쓰지 못한 말이 너무 많지만, 이쯤에서 마치려 합니다.

아버지 잘 다녀오시길 바랍니다.

그리고 사랑해요.

2018. 늦가을에
큰딸 서희 올림

아버지께……

아빠! 안녕하셨어요?

저 아빠의 큰딸 서희예요.

그동안 아빠가 집에 안 계셔서 집안 분위기가 마치 잼 없는 도넛 같았어요.

새삼스럽게 아버지라 부르니 징그럽죠? ＿＿;;

저 아빠 많이 많이 사랑해요.

그런데 전 아빠가 좀 더 자상했으면 좋겠어요.

엄마는 절 안아주시고 "서희야, 여태껏 내가 너에게 마음 상하게 한 일이 있으면 정말 미안하다."라고 말씀을 여러 번 해 주셨거든요.

그러면 누가 뭐라 하지 않아도 제 스스로가 감동돼서 오히려 제가 "아니에요. 엄마. 제가 잘못했어요."라고 말해요.

그런데 아빠는 한 번도 그래 주신 적은 없고 제가 먼저 "죄송합니다!" 하기만 바라시잖아요.

물론, 제가 먼저 용서를 빌어야 하겠지만, 제가 용서를 빈 후에는 아빠도 절 안아주시면서 "그래, 나도 미안하다. 앞으로 잘하거라."라는 따뜻한 말 한마디를 해 주셨으면 해요.

힘들게 일하다가 오시자마자 이런 얘기를 해서 기분 상하셨으면 죄송하고요.

저희들한테 소리 버럭버럭 지르지 마시고 더 따뜻하게 대해 주셨으면 해요.

그럼, 안녕히 계세요. 아버지 사랑해요.

2002. 1. 4. 금요일 날씨 맑음
첫째 서희 올림

인천대정초등학교 장래 희망 발표회

안녕하세요?

저는 5학년 3반 한권희입니다.

지금부터 저의 꿈을 발표하겠습니다.

저는 어릴 적부터 많은 꿈을 가지고 있었습니다.

하지만 그 많은 꿈을 모두 다 이루어 볼 수는 없기에 저의 꿈을 찾으려 많이 노력하고 있습니다.

저의 꿈은 기자, 외교관, 대학 교수입니다.

꿈을 이루기 위하여 NIE(newspaper in education) 공부도 열심히 하고 있습니다.

외교관이 되기 위하여 영어 공부와 중국어 공부를 하고 있으며(중국어는 곧 배울 것입니다), 대학 교수가 되기 위하여 많은 과목을 두루 공부하고 있습니다.

저는 직업적인 꿈을 이루기 위해서 제가 무슨 일을 해야 좋을지, 또 제가 누구인지 정체성을 스스로 생각해 봅니다.

그리고 제가 제 꿈을 이루기 위하여 가장 행복해하고, 가장 좋아하는 일을 직업으로 가지는 것이 좋다고 생각합니다.

그러기 위해서는 아주 열심히 공부해서 대학을 가야 한다고 생각합니다. 대학이야말로 제 꿈을 이루는 데 도움을 줄 수 있다고 봅니다.

학력 중심 사회인 한국 사람들은 거의 다 대학을 나왔을 것입니다.

저는 대학은 보다 나은 삶을 살기 위하여, 좀 더 쉽게 꿈을 이루기 위하여 가는 곳이라고 생각합니다.

기자가 되기 위하여 저는 국어 공부와 한자 공부를 열심히 합니다.

저는 외교관 중에서도 중국 대사나, 타이완(대만)의 대사가 되고 싶습니다. 이 일은 중국어와 영어를 잘해야 할 수 있는 일입니다.

또 교수라는 직업은 '선생님'과 같은 역할인데 다른 학생들을 가르치기 위하여 제가 더 많은 공부를 해야 한다고 생각합니다.

저의 꿈과 하고 싶은 일을 종합하여 대학과 학과를 정해보니 '성균관대학교 한문교육학과'가 저에게 잘 어울린다는 생각이 들더군요.

물론, 한문은 어느 정도 실력이 되기 때문에 성적만 된다면 가고 싶은 대학입니다.

또 제가 직업을 가지고 대학을 가고 열심히 일을 하는 목적은 우선 하나님의 영광을 위한 것입니다.

부모님께 효도하고, 대한민국 나의 조국에 충성하고, 오직 하나님께 영광을 돌리는 그런 자랑스러운 한권희가 되겠습니다.

2012. 11. 26.

세상에서 제일로 사랑하는 아빠께

아빠, 생신 축하드려요.

제가 오늘 아빠 쉬지 못하게 해서 정말 죄송해요.

친구들이 너무 떠들어서……. 저, 아빠한테 삐진 게 너무 많아요.

권희 태어난 후부터 우희랑 잘 놀아주시지도 않고 너무 눈에 띄게 권희만 좋아하시고 아침에 들어오시면 제가 제일 먼저 인사했는데 권희부터 찾으시고…….

권희 머리가 무겁고 하도 촐랑대서 다쳐 울면 맨날 저만 야단치시고…….

아빠가 계속 권희한테만 관심 보이실 때 정말 속상하고 섭섭해요.

예전에는 권희 밥 먹이는 것 때문에 학교 지각하고…….

잘 데리고 나가지도 않으시고 가족 day도 없구……. 정말로 섭섭해요.

아빠가 조금만이라도 제 마음을 생각해 줬으면 좋겠어요.

어쨌든 생신 축하드리고요.

말도 잘 듣고 공부도 더 열심히 할게요.

제가 아빠 생신 선물로 아빠가 좋아하는 BBQ 드려요. 맛있게 드세요.

참! 그리고 아빠가 권희 태어난 후 저한테 사랑한단 말도 안 해요.

꼭 아빠가 절 싫어하고 귀찮아하는 느낌이 들어요.

아니길 바라지만……. 저한테 사랑한다는 말 좀 자주 해 주세요.

그리고 저 분홍 띠도 아니고 흰 띠도 아니에요!!

그래도 저는 아빠를 세상에서 제일로 사랑해요!!

Happy Birthday!!

I love you!

우희 올림

사랑하는 아빠께

아빠~ 둘째 딸 우희예요.♡

어버이날 정말 축하드려요!!

아빠가 컴퓨터로 쓰지 말고 손으로 쓰라고 해서 삐졌어요.

컴퓨터로 써서 더 깔끔하게 해서 드리려고 했단 말이에요.

Anyway, 건강하시고 행복하세요. 사랑해요.

평상시에 아빠랑 대화를 많이 해서 따로 할 말이 없어요…….

훗♡ 그만큼 아빠랑 가깝단 소리!!!

우리 반 애들은 아빠가 어쩌다 휴가 내서 하루 놀러 갔다 오는 거로 마는데, 아빠랑 나는 대화도 많이 하고 같이 텔레비전도 보고……. 정말 좋아요.

그리고 제가 친구네 집에 놀러 가면 그 친구네 아빠는 쉬거나 없는데, 우리 집에 친구가 놀러 오면 아빠가 계란도 쪄주시고, 밥도 해 주시고, 정말 좋아요.

아빠~ 다시 한 번 어버이날 축하드리고, 정말 사랑해요.

둘째 우희 올림

출장 간 남편에게

새벽에 당신의 전화를 받고부터 일어나 앉아서 무릎을 꿇었습니다.

얼마나 마음이 무겁고 고통스러울까. 그 느낌이 내게도 전해져서 나도 계속 마음이 편치가 않습니다.

나는 일어난 이 모든 일들이 당신의 신앙 성장에 꼭 필요한 일들이라 여기며 예기치 않았던 하나님의 시험이라 생각합니다.

왜 우리가 미국으로 보내졌고, 또 이곳에서 자기에게 주어진 일들이 잘 되어가는 중이면서도 이런저런 돌들에 걸리고 넘어지고, 그물도 헤쳐나가고…….

마치 장애물 장거리 경주 같다는 생각이 듭니다.

결국은 하나님께서 승리하시겠지요.

전도사님을 쓰시고자 하는 하나님의 계획이 결국은 승리할 터인데 그 과정에서 우리가 겪는 여러 가지 어려움들이 문제군요.

차라리 눈에 보이는 객관적인 문제라면 나서서 처리하면 되는데 사사로운 감정의 문제이기에 기도와 하나님의 도우심이 필요하고 시간이 필요하고 기다림이 필요한 것 같습니다.

그동안 우리가 말실수 또는 순간의 위기와 문제를 넘기려는 말재주나 간교함은 없었는지, 거짓은 없었는지, 남을 아프게 한 일은 없었는지, 내 유익을 위해서 남을 아프게 한 일은 없었는지 깊이 생각하며 그동안 내가 알게, 모르게 지은 죄들을 회개했습니다.

그리고 내 잘못을 깨닫게 해달라고 간구했습니다.

우리는 죄를 깨닫게 해달라는 간구도 너무 필요합니다.

이런저런 일들을 겪으면서 이렇게 허물 많고 부족한 우리를 하나님께서 사용하시고자 계획하시고 그 계획을 진행하시는 하나님 앞에 찬송, 감사, 영광을 돌릴 수밖에 없습니다.

상균 씨는 예민하고 아주 영이 민감하기 때문에 조그마한 일에도 괴로워하고 고통당하는 것을 내가 잘 알기에 우리가 무릎을 꿇고 그동안 우리가 지은 온갖 인간들에 대한 사소한 또는 큰 죄들을 하나님 앞에 회개하고 용서를 빌고 하나님께 온전히 간구하며 우리의 일을 철저히 맡겨야 된다고 생각합니다.

순간적으로 튀어나온 말들을, 그 실수들을 다시는 주워 담을 수 없지요.

그래서 상대방이 그 약점을 두고두고 걸고넘어지고 마귀가 그것을 이용해서 우리를 참소하며 괴롭히려고 합니다.

나는 상균 씨가 더 심지가 굳고 믿음의 폭이 넓어지기를 기도합니다.

아무리 비바람이 불어도 하나님께만 피하지, 결코 사람의 울타리에 숨어서는 안 된다고 생각합니다.

이번에 여러 가지 일들을 겪으면서 나는 하나님이 우리 가정을 향한 계획들에 기대가 되면서도 상균 씨에게서 좀 더 의연하고 떳떳하고 이쪽저쪽에도 비굴해지지 않는 오직 하나님의 편에만 서는 큰 종의 모습을 보기를 원합니다.

비록 내가 생각도 짧고 여러 가지로 부족하여서 사모의 자질이나 아내의 자격이 부족하지만, 상균 씨와 함께 살면서 우리와 함께하시는 하나님의 큰 역사나 기적을 자주 체험함으로써 내가 상균 씨와 사역의 사명을 감당하는 한 몸의 역할을 해야 함을 깊이 깨달았습니다.

내가 기도하고 가정 지키고 아이들을 잘 키우면서 남편을 어떻게 내조해야 하는지를 잘 깨달아 간다는 뜻이지요.

그래서 남편이 하나님의 종으로 귀하게 쓰임받고 있음을 늘 느끼며 너무 자랑스럽습니다.

10년 전 나랑 결혼하면서 내게 공표했던 "10년 후에 내가 얼마나 크게 자라 있을지 기대하라.”는 그 말대로 당신은 하나님의 귀한 사역자로 지금 잘 훈련을 받고 있으며 하나님의 뜻을 크게 이루어드리는 귀한 그릇임을 인정하고 그 아내 된 자로서 기쁘게 생각하고 있습니다.

그런데 사람이란 여러 가지로 부족하고 한정된 존재이기에 영광과 칭찬을 받는 반면, 그것을 헐고 무너뜨리려는 반대편이 그만큼 세고 거칠고 만만치 않은 것을 보면서 사람은 그 크는 만큼 그것을 시기하고 반대하는 세력도 강한 것을 알아서 나는 당신을 위해서 더 사력을 다해 기도로 매달려야 한다는 것을 압니다.

상균 씨는 다만 하나님 앞에 올바른 종이 되고자 힘쓰며 매사에 정당하고 떳떳한 길로만 행하기를 바랍니다.

나와 무엇이든 의논 안 해도 좋으니 우선 하나님과 의논하여서 일을 추진하십시오.

그렇지만 내게도 알고 의견을 첨가할 권리가 있으니 존중은 해 주십시오.

이번 일은 우리가 어차피 겪어야 할 과정이라고 생각합니다.

나도 좀 더 입 조심하고 행동 조심하고 기도의 자리만 묵묵히 감당하겠습니다.

나는 지금 이 글을 쓰면서 처음보다 마음이 가라앉고 편안해졌습니다.

편히 잠들기 바랍니다.

이제 사랑스러운 우리의 두 아이에 대해서 이야기해야겠군요.

서희가 갈수록 미국에 적응을 잘하고 있습니다.

성적이 조금씩 올라가니까 신이 나서 숙제도 알아서 하고 영어 단어 외우는 것도 이제는 재미있게 합니다.

조금만 더 시간이 지나서 공부 방법을 터득하고 영어책에도 관심이 있게 되면 서희는 잘할 것 같습니다.

우희는 놀기에 힘쓰고 있습니다.

자기가 공부를 하고 싶으면 하고 하기 싫으면 안 하는데 요즘은 학교에서

액티브하게 놀고 말한다며 선생님께서 칭찬합니다.

우희야말로 공부에 대해서 기초부터 방법을 가르쳐주고 차근차근 신경을 써주어야 할 것 같습니다.

내가 둘을 동시에 가르치려니 너무나 힘이 들고 애들 성격도 각각이라 아침만 되면 매일 전쟁하다시피 소리치고 쥐어박고 찡찡거리고…….

상균 씨가 있을 때나 지금이나 달라질 게 하나 없는데 서희는 혼자 알아서 못하니 내가 꼭 봐줘야겠고, 우희는 내가 반드시 차근차근 챙겨야 하는데 그것이 안 되어서 걱정입니다.

이것도 하나님께 지혜를 간구해야 할 문제입니다.

상균 씨가 내 옆에 없으니 내가 힘이 없고 풀이 죽어서 매일 아픈 사람처럼 지냅니다.

입맛도 없고 아이들 야단칠 기운조차 없습니다.

당신이 없으니 내가 얼마나 풀이 죽는지…… 당신이 빨리 내 옆으로 돌아와야지 내가 힘이 펄펄 날 것입니다.

아이들도 처음에는 유진이네 집에 가서 아빠가 LA에 출장 가서 선물을 잔뜩 사 오느니 어쩌느니 하고 목에 힘을 주다가 갈수록 힘이 없어지는 것 같습니다.

기도할 때도 "아빠 일 잘 끝내고 빨리 오게 해 주세요." 하며 매일 기도합니다.

당신이 없을 동안 우리 집에 있는 이불은 죄다 빨래방에 가져가서 빨았습니다.

이틀에 걸쳐서 이불 빨러 집을 왔다 갔다 하는 사이에 노선희 집사님, 계화자 전도사님, 고은선 사모님이 안부 전화를 했다는데 그분들은 나더러 왜 그리 집에 없냐고, 할 때마다 없다며 웃더군요.

하긴 남편이 집에 있건 없건 나는 늘 바쁘고 씩씩하게 지내니까(겉으로는) 남들 보기에는 즐거워 보이겠지요.

뭐, 당신 없을 동안 우리 집 대문(현관문)이 두 번 고장 나서 슈퍼에서 와서 몇 번 고쳐주고, 학교에서 서희 그동안의 예방주사(한국에서 맞았던 온갖 예방주사) 서류를 떼어 오라고 해서 홍재광 장로님 내과 가서 컴퓨터에 입력시켜서 임의로 양식을 하나 만들고(이것은 아무나 절대로 안 만들어주는 것인데 우리니까 특별히 만들어주는 것이라고 홍 장로님이 강조, 강조했음), 우희 것도 만들었습니다.

그리고 김치 크게 벌려놓고 한 번 담그고, 구정이라고 떡국 한 번 끓여 먹고, 다음 주에는 우희 치과 가서 이빨 치료해야 할 것 같습니다.

상균 씨는 요즘 건강이 어떤지요?

내가 옆에 없어서 잠은 제대로 푹 자는지?

(하긴 내가 옆에서 코를 안 골아서 잠을 잘 자겠다는 생각이 듦)

먹는 것은 잘 먹는지? 늘 걱정입니다.

나는 여기서 온갖 사람들이 관심 가져주고 걱정해 주어서(홍석만 집사님, 노선희 집사님, 이옥희 전도사님, 조정한 목사님, 장철승 목사님, 박연호 전도사님, 계화자 전도사님, 이귀순 전도사님. 나만 보면 어떻게 지내냐고 물어서 귀찮을 정도임) 자알 지내고 있어요.

다만, 남편이 없어서 기가 죽고 힘이 없는 증세가 심각함.

아이들도 마찬가지임.

매일 밤 잊지 말고 전화해 주세요.

눈이 빠질 지경으로 전화통 쳐다보며 전화 기다립니다.

그리고 사랑합니다. 많이 많이.

1997. 2.
아내 은경 씀

PART 2

하나님 비전의
동역자

제1장 논단

성결한 삶

신유를 경험하세요

신유(神癒, divine healing)는 이론(theory)이나 교리(religious doctrine)가 아니라 모든 그리스도인에게 지금도 현실로 나타나는 믿음의 표적(signs)이고, 그 말씀의 증거(evidence)입니다.

예수 그리스도는 최대의 구원자(Saviour to the uttermost)이기에, 구원(salvation) 얻은 성도에게는 신유를 은혜로 허락하셨습니다. 따라서 신유는 곧 구원의 현상(appearance)인 것입니다.

I. 구원이란 무엇인가?

1. 구원(σωτηρία, 소테리아)은 죄로부터 건짐(save one from)을 받는 것입니다.
   ① 죄로부터의 자유가 행복의 비밀(the secret of happiness)입니다(갈 5:1).
   이성봉 목사님은 《말로 못하면 죽음으로》에서 이렇게 말하고 있습니다.
   "14세 때에 기차 타면서 키를 좀 줄여 12세라고 하고 반표로 몇 번 내왕한 일이 생각났다. 그래서 중화역장에게 편지와 함께 기차 요금을 네 배나 해서 갚았다. 그랬더니 얼마 후에 총독부 철도국장한테서 사죄장이 돌아오고 보낸 돈도 도로 내게 보내왔다. (중략) 그 후 주인에게 줄 수 없는 돈은 모두 교회에 바치니 마음이 한없이 기쁘고 즐거웠던 것이다."

죄로부터 해방되었으니 얼마나 행복했겠습니까!

② 죄 중에 있으면 우리들이 그렇게 바라던 좋은 것들이 다 막히는(be closed) 것이지요(렘 5:25b).

"하나님이 빼앗으시면 누가 막을 수 있으며 무엇을 하시나이까 누가 물을 수 있으랴."(욥 9:12)

행복을 위하여 죄로부터의 자유가 최고인 것입니다.

2. 구원은 상처(hurt)와 질병(disease)과 곤궁(poverty)으로부터 회복되는 것입니다.

① 영혼이 회복되어 평안할 때 범사(all matters & all things)가 잘되지 않았던 가요(요삼 1:2)!

월터 힐튼(Walter Hilton, 1343-1396)은 《완전의 단계(Scale of Perfection)》에서 "사도 바울의 변화를 볼 때에 심령이 회복되면 모든 것이 사다리처럼 인간 만사가 형통하다."라고 했습니다.

② 악한 것은 모양(form)이라도 버려야(abstain) 진정으로 행복합니다(살전 5:22).

프랑스가 낳은 수학자이면서 신학자인 파스칼(Blaise Pascal, 1623-1662)은 1646년 회심을 했는데 "죄를 지으면 인간은 곧 공허에 빠지고 하나님의 부재로 인해서 방황하기 때문에 악한 모양을 절대로 갖지 말 것"을 강조했습니다.

Ⅱ. 신유는 구원 얻은 성도를 예수께서 고치시는 것

1. 신유(θεραπεύω, 쎄라퓨오)는 하나님이 인간의 병(sickness)과 허약(weakness)한

것들을 썩어진 육체(mortal body)로부터 고치시는, 치료자(the Physician)로서의 신유인 것입니다(마 4:23-24, 10:1).

① 마지막 때(these last days)일수록 험악한 질병이 창궐(fury)합니다. 그러나 자기 의(self righteousness)와 자기변명(self-vindication)보다는 자기 포기(self-renunciation)와 겸손(humility)으로 예수 그리스도를 간절하게 찾으면 신유의 기적(miracles of healing)이 경험됩니다.

이그나티우스 로욜라(Ignatius Loyola, 1491-1556)는 《영적훈련(Spiritual Exercises)》에서 다음의 세 가지를 항상 자신에게 묻습니다. "그리스도를 위하여 나는 무엇을 하였는가? 지금 나는 그리스도를 위하여 무엇을 하고 있는가? 앞으로 나는 그리스도를 위하여 무엇을 해야 하는가? (중략) 이러한 신앙의 질문은 오직 하나님 앞에서 겸손할 때 묵상하게 되고, 이렇게 그리스도를 간절하게 찾을 때 비로소 점차 회복됨을 경험하게 된다."라고 하고 있습니다.

② 끈질기고(tough) 악착 같은(persistent) 믿음의 기도를 해보세요(살전 5:17).

"예수께서 힘쓰고 애써 더욱 간절히 기도하시니 땀이 땅에 떨어지는 핏방울 같이 되더라."(눅 22:44)

우리 예수님도 이렇게까지 기도하셨는데, 과연 나는 신유의 경험을 위해서 얼마나 힘을 썼습니까?

2. 신유(ἰάομαι, 이아오마이)는 마귀로 인한 영혼의 억압(oppress)과 방황(wandering)과 타락(the fall)을 고치시는, 치료자(the Healer)로서의 신유인 것입니다(행 10:38; 눅 8:2).

① 예수 그리스도께서 발동(take action)하시면 그 어떤 사탄도 모두 파멸(ruin)시킬 수 있으시니, 간절한 기도로 간구(asking)하고 기대(expecting)하면 됩니다.

조지 뮬러(George Muller)는 "인격성(personality), 진정성(trustiness)을 가지고 간절하게 기도하면 예수님께서 발동하셔서 기적을 일으키신다."라고 했습니다.

② 진정으로 놀라운 증거(startling testimony)를 원한다면 은혜의 수단(means of grace)인 예배와 기도생활에 힘써야 합니다(요 4 : 23).

제임스 패커(James I. Packer)는 《하나님을 아는 지식(knowing God)》에서 "진정으로 회심하고 하나님을 인격적으로 체험했다면 그러한 그리스도인들의 생활은 오직 하나님께 대하여 경건한 예배와 기도생활로 표현될 것"이라고 했습니다.

Ⅲ. 신유는 구원 얻은 성도를 예수께서 낫게 하시는 것

1. 신유(ἴασις, 이아시스)는 병뿐 아니라 악한 고통, 폐습 등을 바로잡아 생활을 온전케 하는 치유(cure)입니다(눅 13 : 32).

① 회심으로 은혜를 경험했어도 악한 구습(old time-honoured customs)은 심령을 굳어지게 하여 일상생활도 부패케 함으로써 생활도 치유받아야 경건해집니다(엡 4 : 18-19, 22-24).

어거스틴(Aurelius Augustine)은 A.D. 400년에 쓴 《고백록(the Confessions)》에서 이렇게 말합니다.

"나는 부랑자요, 패역자로서 나 같은 죄인이 구원을 얻은 것은 불가항력적인 은총(irresistible grace)이며 의외의(unexpected) 구원이다. 그래서 일상생활을 경건하게 하여 거듭난 그리스도인의 모습을 지켜야 한다."

② 예수 그리스도의 말씀을 따라 단정(good moral character)하고 시대적인 경향(tendency)에 세속화(secularization)되지 않는 경건한 그리스도인이어야 합니다(딤전 2 : 2; 약 1 : 27).

"누구든지 자기를 깨끗하게 하면 귀히 쓰는 그릇이 되어"(딤후 2 : 21)

앞으로의 시대는 학력과 능력이라는 인간의 기능보다는 생활의 경건이 모든 것을 결정하는 가치가 될 것입니다.

2. 신유(ὑγιής, 휘기에스)는 현재의 삶보다 더 아름답고 더 만족스러운 새로운 미래를 위해서 우리를 위로(recognition of another's services)하시는 치유(well)입니다.

① 주님은 38년 된 병자(who had an infirmity)를 낫게 하시고 그동안 허망한 세월을 보낸 그 자리(bed, spot, situation and position)를 들고 걸어가라고 격려해 주십니다(요 5:11).

존 오웬(John Owen, 1616-1683)은 《신자 가운데 있는 죄의 금욕에 관하여(On the Mortification of Sin in Believers)》에서 "더 이상 감당할 수 없는 불의와 투쟁, 그리고 비통한 죄의 자리를 벗어나 성령께서 우리 안에 함께하시는 위로를 맛보라."고 했습니다.

② 신실하시고 능력 많으신 그리스도 예수(faithful and sufficient Christ Jesus) 안에서 믿음을 더욱 굳게 하여(steadfastness) 믿음을 잃지 않으면 다가올 미래도 치유(well)될 것입니다(계 7:16-17, 21:4).

마르틴 루터(Martin Luther)는 《신앙의 터득(fides apprehensiva)》에서 "예수 그리스도와 인격적인 연합을 이루었다면 그 그리스도만이 진정 유일한 보배이기에 믿음을 더욱 굳건히 하여 그리스도만을 붙들려고 할 것이다."라고 했습니다.

찬송가 498장 1절 두 번째 소절입니다.

"신유 구한 내게 신유의 주님, 나의 마음속에 지금 오셨네"

이 고백은 심슨(Albert Benjamin Simpson) 목사님 개인 뿐 아니라 지금 이 시간도 치료의 주 하나님이신 예수 그리스도를 찾는 이마다 반드시 경험될 것입니다.

주 예수 그리스도의 신유는 죄악, 각종 질병, 상처, 빈궁뿐 아니라 육체와 영혼, 일상생활과 미래까지 치료하시는 전 존재(whole being)로서의 신유의 축복인 것입니다. 신유를 지금 경험하십시오. 예수님은 기다리고 계십니다.

– 출처 : 〈활천〉 2016년 7월호, pp. 51–53

온유해야 행복해질 수 있습니다
(갈 5:22-23/ 주간말씀묵상)

온유(πραΰτης)는 '명문가에서 태어나다', '가문이 좋다'라는 뜻이 있습니다.
KJV, NIV는 'meekness/gentleness'로 번역해서 "① 기질, 본성이 점잖고 부드럽다", "② 행동, 몸가짐이 예의 바르고 질서가 있다"라고 이해를 돕습니다.

술주정이나 도박, 쌍욕 등 폭력적인 언동은 가정의 내력과 무관치 않습니다. 학습된 것이어서 목회자나 평신도 구분 없이 때마다 일마다 심통을 부리고 교회, 가정, 교단, 사회와 국가에 분란을 일으킵니다.

"아브라함과 다윗의 자손 예수 그리스도의 세계라."(마 1:1)에서 이 '세계'는 본문인 그리스어 'Βίβλος γενέσεως'인데 이는 성경적인 가계(계보)를 뜻합니다. KJV, NIV도 '世界'(지경계, the world)가 아니라 이을 '계'를 써서 '世系'(the genealogy)로 씁니다.

진정으로 예수 그리스도를 영접하여 하나님의 자녀가 되었다면 예수 그리스도께 속한 신분의 변화가 있는 신앙의 명문가에 편입되었으니 그 본성과 행위에 부드러움과 예의와 질서가 있지 않을까요?

"그가 그 피조물 중에 우리로 한 첫 열매가 되게 하시려고 자기의 뜻을 따라 진리의 말씀으로 우리를 낳으셨느니라."(약 1:18), "영접하는 자 곧 그 이름을 믿는 자들에게는 하나님의 자녀가 되는 권세를 주셨으니 이는 혈통으로나 육정으로나 사람의 뜻으로 나지 아니하고 오직 하나님께로부터 난 자들이니라."(요 1:12-13), "예수께서 대답하여 이르시되 진실로 진실로 네게 이르노니 사람이 거듭나지 아니하면 하나님의 나라를 볼 수 없느니라."(요 3:3)

여기서 '나다'는 본문에 'γεννάω'인데 모두 '위로부터 나다', '처음과 같이 태어나다'로 KJV, NIV도 'born again'입니다.

이제는 겉사람의 본성과 옛사람의 행위는 자연히 변화되는데 이 변화는 외관과 모양이 바뀌는 'change'가 아니라 기질과 속성, 근본이 변화되는 'transformation'입니다.

"네가 원 돌감람나무에서 찍힘을 받고 본성을 거슬러 좋은 감람나무에 접붙임을 받았으니"(롬 11:24)

Ernest K. Kirk는 《The Epistle to the Romans(로마인에게 보낸 편지)》에서 "참된 그리스도인은 성품에 근본적인 변화가 생긴다."라고 고백합니다.

A. Augustine은 《The Confessions(고백록)》에서 "회심한 그리스도인은 생각, 사상 그리고 생활의 변화를 경험한다."라고 했습니다.

2005년 WEC선교회 한국본부 이사들이 호주와 뉴질랜드에서 선교훈련을 받던 때 필자는 ACTS 전 총장 림택권 목사님과 한 방을 사용하며 친목하게 되었습니다. 그때에 림 목사님은 제게 "성품이 온유치 못하면 수박, 사과, 토마토처럼 겉과 속이 달라서 성품이 혼란하니 목회 현장에서 조심해야 한다."라고 말씀하셨습니다.

하나님께서는 "온유한 자는 복이 있나니 그들이 땅을 기업으로 받을 것임이요"(마 5:5), "온유한 자들은 땅을 차지하며 풍성한 화평으로 즐거워하리로다."(시 37:11)를 통해서 온유한 하나님의 사람이 이 땅에서 누리는 행복이 있다고 말씀하셨습니다.

"아무도 훼방하지 말며 다투지 말며 관용하며 범사에 온유함을 모든 사람에게 나타낼 것을 기억하게 하라."

John Parry는 《The Pastoral Epistles(목회 서신)》에서 목회 현장에서 온유한 사람이 오랫동안 기억될 것임을 교훈합니다.

이러한 본성의 변화와 행동의 올바른 예의와 질서가 인간의 힘과 노력으로 될까요? 하루아침에 만들어지지 않습니다. 오직 성령의 힘으로만 이루어집니다. 온유해야 가정도, 목회도, 우리 사회도 행복해질 수 있습니다.

－ 출처 : 〈한국성결신문〉 제1102호, 2017. 9. 2.(토)

바른 목회자는 바른 가정에서 자란다
- 이성봉 목사 유년 시절을 中心으로

한상균
한국도자기(주) / 성봉선교회 총무간사

어느 날인가 '바른 목회자가 되기 위한 나의 결단'이라는 제목으로 원고 청탁을 받고서 그날부터 지금까지 머리가 무겁고 고민에 싸여 있었다.

그것은 두 가지 이유에서이다. 한 가지는 이 세상에 태어나서 처음으로 정식 원고 청탁을 받았다는 가슴 설렘이고, 다른 한 가지는 제목의 내용이 가히 가공할 만큼 두려운 것이기 때문이다.

바른 목회를 위해 평생을 헌신하신 목회자도 "나는 바른 목회자였다."라고 고백할 수 있을까. 어떻게 해야 바른 목회자라고 칭함을 받게 되는가.

하나님 보시기에도 바른 목회자라는 평가가 옳은 것일까. 이러한 주관적이고 객관적인 바른 목회자의 상(像)을 생각하면서 '이상적인 바른 목회자가 되기 위한 결단'이라는 제목이 나를 반성하고 스스로 돌아보게 하는 계기가 되었다.

바른 목회자는 어떤 모습이어야 할까?

연륜이 풍부하신 목회자의 입장에서는 가소로울 것이 분명하고 젊은 층의 목회자 입장에서는 가뜩이나 머리 복잡한 세상에 또 하나 그럴듯한 고민

덩어리를 줄 것이 뻔하니 이 얼마나 두렵고도 어려운 문제인가.

'오늘 한국 교회의 위기는 지도자의 위기라고 전제한 후 바람직한 목회자 상을 구체적으로 집필하라'는 단서가 있었지만, 거두절미하고 부흥사로 한국 강토에 널리 알려진 바 있는 고 이성봉(李聖鳳) 목사님의 목회자 상(牧會者像)을 중심으로 살얼음판을 걷듯 걸어볼까 한다.

아버지는 아버지의 죄를, 어머니는 어머니의 죄를 회개하는 것을 보았다

바른 목회자는 바른 부모님의 모습을 보고 배운다.

어릴 때부터 하나님을 생각하면서 눈물을 흘리는 아버지의 모습과 기도의 눈물로 촉촉해 있는 어머니의 눈가를 맴돌면서 자라는 아이는 가슴속에 무슨 생각을 하면서 자랄까.

이성봉 목사님께서 쓰신 자서전 《말로 못하면 죽음으로》(생명의 말씀사, 1993)를 보면 이러한 글귀가 있다.

"우리 부모님이 모두 예수님을 믿고 자기들의 죄의 고민으로 증인 삼아 나를 데리고 산 중에 들어가 아버지는 아버지의 죄를, 어머니는 어머니의 죄를 회개하는 것을 들었다."

바른 목회자의 근본 심령은 부모님께서 죄를 회개하는 모습 속에서 잉태한다.

"세 살 버릇 여든까지 간다."라는 속담이 문득 떠오른다.

우리 아이들은 우리 부모의 모습에서 무엇을 그 어린 가슴에 새기고 있는 것일까.

"예수님을 믿게 된 우리 가정은 기쁨이 충만했다…… 주일이면 우리 어머니는 닭이 울기 전에 일어나서 새벽조반을 지어 우리를 먹이고, 동생은 업고 나는 걸어서 혹은 아버지의 등에 업히기도 하며 그 머나먼 40리 길을 눈이 오나 비가 오나 빠짐없이 교회에 출석했던 것이다……."

'사람은 어떤 가정에서 성장했는가.'

이것이 중요하다.

처음에는 아무것도 아닌 것처럼 보일지 모르지만, 가정의 분위기가 사람을 다시금 만들어 간다.

하나님께서는 가정을 만드셨고 가정은 하나님께서 원하시는 참사람을 빚어낸다.

참사람은 가정을 아름답게 꾸며가고 아름다운 가정은 사회를 천국으로 이끄는 이정표 역할을 한다.

우리들의 가정에 행복한 기쁨이 있는가.

만약에 있다면 그 기쁨의 근원은 무엇인가.

아이들은 부모님께서 땀 흘려 얻어온 기쁨을 나누어 먹고 공유(共有)하며 먼 훗날 하나님의 사람이 되는 연습을 가정에서 한다.

우리들이 지키는 주일의 모습은 어떠한가.

눈, 비를 맞아가며 40리 길을 걸어 예배를 하고 있는가? 먼 곳이면 자동차를 타고 30~40분, 가까운 동네면 걸어서 10여 분이면 예배당에 이른다.

그러나 예배당이 멀어서가 아니고 우리의 심령이 하나님과 먼 거리에 있어서 주일의 모습은 너무나도 상처투성이로 얼룩져 있다.

첨단 사회, 경쟁력 사회 등으로 불릴 수 있는 바쁜 세상 때문이 아니고 하나님과의 피부접촉이 너무나 없기에 우리는 바른 목회자로 자랄 수 있는 어린 꿈나무들을 미처 발견하지 못한다.

오늘도 우리 아이들은 빈 가슴에 무엇이든 담기 위해서 부모의 눈가를 맴돌며 갈대처럼 소리 없는 아우성을 치고 있다. 바른 목회자가 되기 위한 첫걸음으로 먼저 바른 성도의 모습을 그려 줄 의무가 우리 부모에게 있는 것이다.

"어머니는 나를 데리고 조용히 기도하여 주시던 때가 많았다. 성경 읽기를 항상 권면하시어 6세 때 신약 일독을 했다."

요즘 아이들은 그 누구를 만나보아도 한결같이 같은 모습을 지니고 있다. 공장에서 무슨 제품을 찍어내듯 말이다.

피아노, 속셈, 태권도, 컴퓨터, 수영 등 아는 것이 많아 똑똑하고 꾀는 많은데 가슴에는 어린 심령을 이끌어 줄 하나님 나라에 대한 소망이 거의 없는 실정이다.

"나의 어머니의 가정교육은 매우 엄격하시어 나는 아버지보다 어머니를 더 무서워했다. 한 번이라도 부모님의 명령을 거역하면 종아리를 맞든지 또는 쥐새끼가 우글거리는 광 속에 갇히곤 했다…….

동무들은 밖에서 나와 놀자고 부른다. 냇물에 나가서 목욕하고 싶은 생각이 간절하다. 그러나 어머니의 명령이라 끝까지 모두 다(배추 나물거리 한 광주리를) 다듬었던 것이다. 그때 나의 어머니께 칭찬받은 것을 지금도 잊지 못한다……."

우리들의 가정교육을 생각해 본다.

바른 목회자는 어느 날 갑자기 되는 것이 아니다.

어린 시절부터의 엄격한 가정교육, 말씀에 대한 감동과 감격, 생의 비전들이 하나로 묶여야 한다는 것이다.

가정 내에 교육자가 있는가.

옛 어른들께 "집안에는 호랑이가 한 마리씩 있어야 한다."라는 말을 들으며 자란 기억이 새롭다. "호랑이 없는 굴에는 산토끼가 선생이라."는 우스개 속담도 문득 떠오른다.

이성봉 목사님께서 어떻게 어린 시절을 보내셨는지 알 듯도 하다.

바른 목회자의 어린 시절은 회초리로부터 시작되지 않았을까 싶다.

우리의 부모는 매를 들어 아이를 꾸짖는가.

꾸짖음을 당한 아이는 옛 길에서 벗어나 새 길을 가는 체험을 갖게 되며 이러한 잊지 못할 경험은 천국과 지옥의 실제 상황을 깨닫는 첩경을 제공받는다.

어린 시절, 울어본 경험이 있는 어린 생명이 커서도 주님을 생각하며 기쁨의 눈물을 흘리게 된다.

"내가 6~7세 때 어머니는 나를 데리고 조용히 기도하여 주시던 때가 많았다. 또한 한글을 배워주시고 기도문을 써주시고 밥 먹을 때, 잠잘 때 늘 기도를 시키셨다…… 성경 읽기를 항상 권면하시어 6세 때 신약 일독을 했다……."

기도하지 않는 부모의 모습을 보고 어떻게 기도하는 법을 배우고 익히랴.

성경을 읽지 않는 부모의 모습을 보고 아이들이 어찌 하나님의 말씀을 들으려고 애를 쓸 것인가. "콩 심은 데 콩 나고 팥 심은 데 팥 난다."라는 말이 아주 평범한 말이나 이것처럼 심각한 말도 드물 것이다.

어쩌면 우리의 부모는 아이들에게 기도문을 써주면서 기도해 주기는커녕 어떻게 기도하는지조차 모를 수도 있다. 아닌 게 아니라 어설픈 부모의 신앙을 보고 도리어 애타게 기도하는 아이들이 주위에 있음을 부인하기 어렵다.

동화, 위인전, 참고서, 만화책은 일독이 아니라 셀 수 없이 섭렵했을 것이고, 부모들은 이를 열심히 독려했을 것이다.

그래서 아이들은 경쟁이라는 신기술에 능통하게 되었다.

그러나 하나님께서 주시는 기쁨의 근원인 "지혜"는 없고 하나님께서 사람을 창조하신 후 한탄하신 인간의 "꾀"만이 만연해져 있는 현실을 본다.

인간의 재간인 꾀를 가지고는 결코 바른 목회자가 될 수 없다. 바른 목회자는 하나님께서 공급하신 지혜가 있어야만 된다고 확신한다.

"나는 김익두 목사님께 많은 감화를 받고 나도 이 다음 김익두 목사님처럼 부흥사가 되겠다는 꿈을 가지고 있었다."

감동을 받고 사는 인생이 있다면 참으로 행복한 인생이라고 강조하고 싶다. 아무나 감동을 받는 것이 아니기 때문이다.

바로 왕처럼 강퍅해진 심령들 속에서 감동받는 심령은, 메마른 사막에서 옹달샘인 것이다.

하나님과의 대화로 감동을 받은 부모여야 아이들에게 그 감동을 전할 수 있게 된다.

감동의 경험이 없거나 부족하기에, 감동으로 훈련된 아이들을 만들어 가기 이전에 짜증스럽고 비뚤어진 심령의 소유자인 악동이 먼저 되어 버린 꼴이다.

장차 바른 성도, 바른 목회자로 아이들을 성장시키기 위해서는 먼저 어린 심령에 감동받기에 익숙해진 마음 밭을 부모가 미리 일구어 놓아야 한다.

인간의 본능적 감정은 슬럼프 외엔 갖게 하는 것이 없지만, 하나님의 말씀으로 훈련된 영혼의 감화력은 자신의 형극을 뛰어넘어 타인의 영혼 구원으로 가슴 아파하는 것이다.

영혼의 감화력은 비로소 인생에게 꿈을 준다.

인간의 정신적인 의지력은 때때로 깊은 좌절을 동반한 눈물을 선물로 주지만, 하나님의 말씀에 부딪혀 얻은 영혼의 감동은 자신에게는 천국의 확신을, 타인에게는 소망을 주어 이를 공유(共有)케 한다.

하나님의 말씀을 통해서 부모가 먼저 영혼의 감화를 받아야 아이들에게도 장차 구체적인 꿈을 제시할 수 있다.

바른 목회자는 하나님의 말씀을 가까이함으로써 심령에 감동이 있으며 그 감화력을 꿈이라는 이름으로 하나님의 나라를 뭇 영혼들과 함께 공유하는 모습일 것이다.

이렇게 볼 때 바른 목회자가 되기 위해서는 먼저 바른 부모가 되어야 하고 바른 부모의 신앙 훈육을 아이가 경험해야 바른 목회자로 성장하게 된다는 것을 생각하게 된다.

- 출처 : 〈월간목회〉 1994년도 4월호, pp. 138-142

인생의 꿈을 추구할 것인가,
하나님의 비전을 성취할 것인가
– 이성봉 목사의 청, 장년 시절을 中心으로

한상균
한국도자기(주) / 성봉선교회 총무간사

청년, 그는 누구인가.

푸른 5월만큼이나 활력이 넘치는 사람이다.

있는 대로 물이 올라 부풀어 있는 사람이다.

부푼 가슴을 그 누군가에게 보이고 싶기에 활동 범위도 매우 넓고 넓다.

감당하기 어려운 수많은 생각을 다 펼쳐 보려는 기상이 있어서 이 길을 잠시 걷다가도 저 길이 보이면 그 길도 가 보곤 한다.

깊고 넓은 생각을 혼자만이 하는 양하여 뭇사람의 소리에 귀를 기울이지도 않는다.

인생 주기에 있어서 청년을 여러 가지에 비유해 가며 정의하려는 시도가 많았으나 애석하게도 아무도 성공하지 못했다.

그만큼 다양성이 집약되어 있어서 예측하기가 매우 어려운 시절이기 때문이다.

혹자들은 어디를 향할지 모르는 주변 청년들의 발걸음을 향해서 '이렇게 하라, 저렇게 하라' 혹은 '여기에 길이 있다, 저기에 길이 있다'라고 정중한 으름장을 내놓았어도 모두들 한 눈으로 흘낏 볼 뿐, 그 어느 청년도 이러한 으름장에 목매어 살지는 않는다.

단지 참고서를 뒤지듯 할 뿐이다.

인생을 한 발이라도 먼저 사신 인생상위(人生之間上位)이시여, 청년의 정도(正道)가 있었다고 말할 수 있으며 그것을 구체적으로 제시할 수 있는가.

모두 다 주관적인 유사 품목일 뿐이지 않겠는가.

청년, 그는 무엇을 꿈꾸는가.

한 손에는 현란한 무지개 꿈을, 다른 한 손에는 장밋빛 인생의 꿈을 들고 행복이라는 파랑새를 잡으려고 거친 숨을 몰아간다.

그것은 지치지 않는 청춘의 열정으로 보인다.

이러한 겉모습만을 믿고 인류는 얼마나 청년 시대를 찬양해 왔던가.

그러나 청년의 심연의 한가운데는 본능적으로 영혼의 안식처에 빨리 도달하기 위해서 자유를 벗 삼은 방종과 낭만을 빙자한 방황으로 인생, 그 청년 시절을 향유한다.

인생의 원초적 갖가지 본능은 잠복기인 유년 시절을 지나 청년기에 이르면 비로소 마음껏 기지개를 편다. 궁극적인 영혼의 안식을 뒤로 하고 우회하는 군상의 모습으로 온갖 거리를 메운다.

"18세로부터 21세까지 나는 말할 수 없이 타락한 인간이 되었다. 마부생활로 하류층의 인간들과 상종하게 되니 담배를 피우고 술을 마시게 되었다. 또한 화투, 투전, 노름에 미치게 되었다. 죄라는 죄는 고루고루 다 지었다." 《말로 못하면 죽음으로》, pp. 27-28)

하나님께 잡혀 있지 않은 청년, 하나님께 잡혀 있는 청년을 막론하고 인생 근저(人生根底)의 목표는 동일하다. 단지, 그 목표를 향해 나아가는 방법과 방향이 서로 완전히 다를 뿐이다.

한 청년은 꿈(Dream)을 이루어 자신만의 영혼의 안식에 도달하려 하고, 또 한 청년은 이상(Vision)을 통해서 타인의 영혼 안식까지 찾으려 애쓴다.

이러한 인생의 목표는 삶의 방향과 방법을 구별 짓게 한다.

이것을 바른 목회자를 가름하는 내적 기준이라고 믿는다.

잡힐 듯 안 잡히는 청년.

아무도 잡았다고 확신 못하는 청년.

결코 아무에게도 잡히지 않았음을 오늘도 확인해 가며 미소 짓는 청년.

과연 누가 잡을 것인가.

오직 여호와 하나님 이외에는 대안(代案)이 없다.

활력 있는 모습에 신중함을, 부풀어 있는 가슴에 안식처를, 넓고 넓은 활동 능력에 절제를, 수많은 생각 속에 오직 한마음을 다소곳이 가져다주는 이는 여호와 하나님뿐인 것이다.

하나님만이 청년을 잡아 세워 이끄신다.

"내가 21세 되던 해 6월 24일은 주일이었다. 그때 우리 과수원에 실과가 무르익어 뚝뚝 떨어졌다. 그런데 어머니는 내일 일하고 교회에 나가서 예배를 드리자고 하신다.

나는 어이가 없어서 '원 어머니두, 저 실과를 오늘 따지 않으면 다 썩어 떨어질 터인데 저걸 두고 예배당에 가요? 나는 예배당에 못 가겠소.' 하고는 실과를 다 따가지고 마차에 싣고 평양으로 들어갔다…… 친구들과 함께 마차를 타고서.

"'노세 노세 젊어서 노세 늙어지면 못노니라'는 유행잡가를 부르면서 기자묘 앞을 의기양양하게 지나오고 있었다. 그런데 갑자기 오른쪽 넓적다리가 뜨끔하더니 쿡쿡 쑤시기 시작했다. 병은 눈썹에서 떨어진다더니 온몸에는 열이 오르고 이제 한 발자국도 걸을 수가 없었다. 사울은 다메섹 도상에서 거꾸러졌으나 불량하고 난봉꾼인 이성봉이는 기자묘 앞길에 쓰러졌다…… 병은 더하여 갔다. 병원에서는 골막염이라는 진단을 내렸고 의사는 다리를 자르라고 했다. 사형선고나 마찬가지였다…… 70세까지 살겠다던 내가 21세에 죽는 것이다…… 나는 무조건 항복하고 말았다.

'하나님 한 번만 살려주십시오.

한 번만 살려주시면 이 몸을 주께 바치고 이 사실을 모르는 불쌍한 인간들에게 하나님을 증거하겠나이다…… 예수를 증거하겠나이다. 한 번만 살려주세요'.

나는 그때부터 비로소 성경을 받아들고 연구하기 시작했다." (같은 책, pp. 29-33)

바른 목회자는 청년 시대부터 주님께 잡혀 있음을 매일 확인하는 행복에 젖어 있기에 자신의 본능적인 옛 생활에 미련을 두지 않고 주님을 위해서 기꺼이 포기한다.

"또한 그날 이후로 불의한 습관인 술과 담배를 모두 끊어버렸다."

바른 목회자는 먼저 자신의 빈 가슴에 주님이 제시한 이상을 가득히 채운다.

이것이 차고 넘쳐서 뭇 영혼들의 안식을 구하기 위해 부단히 애쓴다.

"내가 40세 되던 해 봄에 신학을 연구하러 일본에 건너갔었다.

일본 신학 연구과에 입학하여 놓고도 영혼 구원에 불타서 거기서도 우리 동포들의 교회와 일인(日人)들에게 복음을 전하며 부흥회를 인도하기 시작했다.

동경(東京), 대판(大阪), 광도(廣島) 등 각 곳으로 다니며 집회를 인도했다. (중략) 나는 공부도 중도에 그만두고 고국으로 돌아왔다. 그리고 여전히 부흥회만 하고 다녔다."(같은 책, pp. 80-82)

이상을 소유한 목회자 신분이면서도 예전에 포기해 버린 인생의 꿈을 성취하기 위해 얼마나 애들을 쓰는지…… 기막힌 노릇이다.

시간이 갈수록 목회자와 세상인들과의 차별화 기준이 없어져 간다.

개방과 국제화와 문화 등의 침투력이 어느 날 목회자의 가슴을 노크하면서부터 있어야 할 영적 권위와 지켜야 할 신성한 품격은 봄눈 녹듯이 녹아버리고 있다.

눈물로 하나님을 만나서 가슴 치며 감격하던 하나님과의 첫사랑은 목회

현장 10여 년 이상이면 없어진다던가.

이상을 소유한 목회자는 타인의 풍요와 영혼 구원을 위해서 살기에 목회자만이 갖는 긍지와 자부심이 있다. 결단코 세상을 의지하지 않는 고고함이 서려 있기에 하나님의 사자임을 누구나 알게 된다.

하나님께 소망을 두었기에 바른 목회자는 꿈과 이상 사이에서 한순간도 갈등하지 않는다. 인생의 꿈은 감성을 개발하여 인간 시대를 창출하지만, 하나님의 비전은 인간의 영혼을 개발하여 하나님 시대를 확장케 한다.

오늘의 서울.

서울이 존재하는 한반도의 전쟁 위기는 어디에서부터 시작되었을까 생각해 본다.

인간의 감성 시대로부터 고고하게 분리되었던 목회자가 어느 날 갑자기 변심하여 엘리야 시대에 이스라엘 백성들이 하나님과 바알 사이에서 머뭇머뭇 주저하다가 하나둘씩 하나님 편을 떠나가고 있기 때문이리라.

현대는 바야흐로 무덤에 던져진 바 되었던 목회자 자아실현의 꿈이 하나님 구속사의 비전을 추월한 시대이기에 우리 모두는 하나님의 칼날 앞에 서 있는 것이다. 한국의 전쟁 위기감은 하나님이 제시한 비전의 존재 여부의 문제인 것처럼 보인다.

목회자는 모든 면에서 영적 갈등이 없어야 한다고 믿는다.

하나님만을 향한 목표가 이미 정해졌기 때문에, 또한 인간의 꿈이 사라지고 그 자리에 하나님의 비전이 자리하기 때문이다.

그러기에 목회자만큼은 나의 꿈과 하나님의 비전 사이에서 갈등하지 말아야 하고 갈등하는 모습조차도 교회 앞에 보여서는 안 된다.

갈등하는 심령은 신분고하를 막론하고 사탄에게 기회를 주게 된다.

갈등하는 목회자의 설교를 들으면 누가 은혜에 젖어 들겠는가.

오늘날 한국 교회 성장의 둔화와 침체도 결국은 목회자들의 보이지 않는 영적 갈등 때문이리라.

목회자가 갈등을 갖게 되는 원인 중에 하나는 경제성장에 따른 파생적인 유혹을 뿌리치지 못했기 때문이다. 이성봉 목사님은 살아생전에 "목회자의 가정은 많아도 남음이 없고 모자라도 궁핍함이 없어야 한다."라고 가계(家計)에 대한 바른 지침을 강조하셨고 실제로 그렇게 살다가 소천하셨다.

이성봉 목사님의 막내 따님이신 이의숙 권사님은 "아버지께서는 언제나 생활에 필요한 최소 생활비만 어머니께 드리고 모든 사례비는 모아서 선교 구제에 힘썼다."라고 회고했다.

또한 "부흥회를 인도하고 사례를 할 수 없이 받게 되면 그 교회 성도들에게 주고 항상 빈손으로 떠났다고 말하면서 목회자는 최소한 돈의 유혹만큼은 추호도 갈등하지 말 것"을 강조했다.

1980년대 이후 목회자들은 유난히 갈등 속에 빠져서 정신이 없는 것처럼 보인다.

무인가 신학교가 전국에 300여 곳이 난립해 있다는 것이 그 증거이다.

예수님께서 목수의 아들임을 증명이라도 하듯이 계속 지어대는 교회건축물이 그렇다.

또한 가짜 학위 소지자도 하필이면 목회자가 일반인보다 많다는 것이 그렇다.

300여 개의 무인가 신학교 난립상은 목회자가 서로 화목하지 못하다는 외적 증거요, 나보다 남을 낮게 여기는 겸손이 없음을 단적으로 보여주는 내적 증거이기에 이렇게 되기까지 해당 목회자들은 얼마나 마음이 상했으며 얼마나 갈등했으랴.

하나님의 성전이 계속 확장되는 사실에 관해서는 본인 역시 전적으로 찬동하는 바이다.

그러나 존 스토트 목사님의 말씀대로 교회(기독교)는 날아가는 새와 같지 않던가.

새는 반드시 두 날개로 날아간다.

한 날개로 날아가는 새를 본 적이 있는가.

한 날개는 복음 전파요, 또 다른 날개는 과부, 고아, 나그네, 병자 등 외롭고 고통당하는 심령에 사랑의 손길을 펴는 것으로 그래야 새는 날게 된다고 그는 기회 있을 때마다 강조했다.

한국 교회는 복음 전파만 강조하고 교회 옆에서 신음하며 고통당하는 심령을 향해서는 벙어리 신세이다. 교회가 영혼이 병들어 가는 무수한 인생과 사회를 위해서 무엇을 했는가.

사회와 국가를 향하여 교회(기독교)가 오픈하지 않으면 교회는 비전이 없는 무용지물이 되고 말 것이다. 한국 교회, 한국 목회자는 지금 선택의 중요한 기로에 와 있다.

조금만 늦어도 하나님의 비전은 사라지게 될 것이다.

제2의 나사로가 지금 눈앞에 있지 않은가.

융단 카펫, 대리석 장식, 향나무 강단상, 회식의 뷔페화, 심지어 교회 내 엘리베이터 설치, 대형화를 추구하는 등 한국에 있어서 '교회라는 이름의 예수님의 새'는 이미 떨어져 죽었는지도 모른다.

예수님의 핏값으로 세워진 '교회 새'가 병들어 떨어져가자 교회 성장 시대는 물 건너가고 전쟁의 위기 시대가 눈앞에 성큼 다가온 느낌이다.

지금의 목회자는 핏값으로 세운 교회를 현금으로 계산하는 첨단 시대를 주도하고 있다.

갈등하는 목회자는 하나님이 주시는 영적인 만족을 뒤로 하고, 현대 심리학자인 Abraham Maslow가 말한 대로 세상인처럼 인간의 사회 심리적 욕구를 채우는 피라미드 속에 갇혀서 목회라는 명분 아래 열심히 세상에서 방황하는 것이다.

떨어져 버린 '교회 새'가 아무런 가치가 없듯이, 머뭇거리며 갈등하는 목회자를 과연 누가 원할 것인가.

필자에게 만일 가짜 학위라도 하나 있다면 이 글이 더욱 힘 있게 전달될 것이라는 사실을 잘 안다. 이러한 발상 자체가 얼마나 세뇌당한 젊은 세대다운가.

졸자는 떨어져 죽어가는 '교회 새'를 저 푸른 오월의 창공으로 힘차게 날려 보내고 싶다.

- 출처 : 〈월간목회〉 1994년도 5월호, pp. 157-161

삯꾼인가, 선한 목자인가
– 이성봉 목사의 부흥사 시절을 中心으로

한상균

한국도자기(주) / 성봉선교회 총무간사

이성봉 목사님의 생애를 중심으로 한 '바른 목회자 상에 대한 글'을 유년 시절과 청, 장년 시절을 어느덧 뒤로 하고 벌써 부흥사 시절을 쓰게 되니, 만일 그분께서 생존해 계셨다면 무엇이라 하셨을까 생각하니 송구스럽다.

젊은 후배 교역자로서 이성봉 목사님께서 걸어가신 모습을 통해 현대 목회자들을 생각하며 '분명한 다짐'을 하려는 의도에서 연재했다.

"알곡인지 쭉정이인지는 까불러 봐야 알 것이며 선한 목자인지, 삯꾼인지는 이리가 와 봐야 아는 것이다."(《말로 못하면 죽음으로》, p. 96)

"나는 입으로 설교 못하면 죽음으로 하리라."(같은 책, p. 101)

몇 번을 되새겨 보아도 신선한 충격으로 다가오는 이성봉 목사님의 대표적인 이 좌우명은 목회철학이 빈곤한 현대 목회자들에게 이정표로서의 가치가 충분하다고 사료된다.

"말로 못하면 죽음으로 하리라."고 외치면서 소천하시기까지 영혼 구원에 불타는 사명을 한치도 게을리 하지 않으시고 우렁찬 목소리로 한국의 산하를 누비던 그분의 부흥사 시절이 어떤 모습이었는지 당신을 초대한다.

살아계신 주님을 선포하는가

"1937년(38세 때) 총회가 서울신학교에서 있었는데 그때 나는 단체 부흥사의 사명을 받게 되었다. 그 사명을 받기 전에 나는…… 불의 폭발이 일어나는데 너무 뜨겁고…… 온 전신에 땀이 흐르나 심령은 매우 상쾌했다. 불세례를 체험한 것이었다."(같은 책, p. 62)

"78일 만에 해결됨을 체험…… 구하는 자에게 주시는 기도의 능력을 다시한 번 체험했다."(같은 책, p. 110)

하나님의 말씀은 듣고 행할 때 능력이 있듯이 성도의 신앙고백은 하나님의 존재를 믿고 체험할 때 가치가 있다. 하물며 성도의 신앙을 지도하는 사명자로서의 목회자랴.

목회자는 하나님의 말씀을 생활로 체득하여 넘쳐나는 기쁨을 설교라는 이름으로 선포한다. 하나님을 생활현장에서 경험하고 그것을 말씀에 비추어 선포하는 설교는 얼마나 은혜가 넘치겠는가.

그러나 그러한 역동적인 설교가 어려운 시대이다.

삶의 현장에서 걸러진 말씀 선포보다는 연구실에서 분석하고 '신학의 틀'에서 나온 설교 유형이 요즘 추세가 아닌가 싶다.

목회자의 삶 속에서 경험된 행동하는 주님의 모습이 아니라 인간적인 이념과 가치 속에 갇혀 정형화된 주님의 모습이 강조되는 듯하다.

이성봉 목사님께서 갖가지 형태로 주님을 체험해 가는 과정은 목회자이기 전에 한 생명, 한 영혼이 얼마나 주님과 동행해 가는가를 영상을 보듯 하게 한다.

풍요 속의 빈곤과 같이 범람하는 설교의 홍수 속에서 생명력 있는 말씀 선포는 만나기 어렵다. 행동하는 주님을 책장 속에서 만나려고 애쓰는 것도 중요하지만, 그것보다 무릎으로 만나는 것이 더 중요하지 않겠는가.

충분히 낮아졌는가

"중대한 책임을 생각할 때 황송하고 떨리지 않을 수 없노라. 나는 벌레요, 사람이 아니며 티끌 같은 미말의 자신을 돌아볼 때 이 사명의 말씀이 참으로 어려워 미디안 광야의 모세가 내게 거울이 되도다."(같은 책, p. 64)

하나님을 체험하며 분명한 구원의 확신과 천국 소망을 간직하고 항상 주님과 동행하면 할수록 인간의 존재는 작아진다.

하찮은 존재로 작아지다 못해서 결국은 없어져 가지 않던가.

완전하지 못한 자신을 노래하면서 차라리 죄인 중에 괴수라고 고백하는 사도 바울의 위대한 믿음이 구원받은 자의 참모습이 아닐까 싶다.

하나님과 거리가 먼 사람일수록 자신을 위대하다고 생각한다.

중대한 책임을 맡은 자, 그 이름 목회자.

그러나 어쩌랴. 벌레요, 티끌로 남기를 거절하는 시대가 되었으니 말이다.

아골 골짝 빈들에는 목회자의 발자국조차 하나 없고 대도시에만 몰려들어 제2의 롯의 아내들처럼 돌로 변신하고 있는 듯하여 심히 두려운 마음이다.

우리 목회자들은 참으로 낮고 낮아져야 한다.

이용하는 승용차의 등급도 낮아져야 하고, 강단상의 웅장함도 낮아져야 한다.

그리고 무엇보다 허리와 목과 마음이 주님과 온 성도들 앞에서 진정으로 낮아져야 한다.

최후까지 순종하는가

"주께로 돌아가는 순간순간 최후 숨결까지 그 안에서 사라짐을 나타내겠노라.

어제나 오늘이나 영원토록 불타는 주님의 사랑, 그의 가슴을 내가 알고 순종하고 복종하리니 그 앞길에 장애와 사탄의 오묘도 무수할 터이나 그 염려와 불신앙의 죄악을 다 태워버리고 힘써 매진하겠노라."(같은 책, p. 65)

이성봉 목사님께서 부흥사로 임명받고서 하나님 앞에 맹세한 신앙고백 중의 한 부분이다. 최후의 숨결까지 영원토록 변함없으신 주님께 온전히 순종하겠다는 굳은 의지를 나타냈다.

숙연해지는 이 마음을 감당할 길이 없다.

오늘날 성도들이 목회자의 지도(양육)에 순종하는가.

참으로 행복한 목회자이다.

목회자로서 자신이 먼저 주님 앞에 맹종해야만 성도들은 순종할 것이다.

보이지 않는 곳에서 가슴 치며 눈물로 주님 앞에 기꺼이 순복할 때 목회 일정은 순탄할 것이다.

예수님은 하나님이셨지만, 그의 독특한 신적 권위를 내세워서 하나님 앞에 불순종한 경우가 전혀 없었다. 그러나 우리 목회자들은 그 예수님의 말씀을 믿고 따르며 전파하는 동안 그 사명이 지나쳐서 자신의 목회를 위해 예수님을 수단화시키는 듯한 인상도 지울 수가 없다. 주님을 힐책하고 지도하려는 목회자가 얼마나 많을까.

목회철학이라는 이름을 앞세워 은연중에 주님 앞에 순종, 복종하지 않는 목회자일수록 성도들에게는 맹종을 강조할 수 있다.

자신의 비현실적인 목회 이상에 대한 보상심리가 목회철학으로 대체된 경우도 있다.

가정인가, 교회인가

"이제 전임지인 신의주 동부교회에서 큰 새 예배당을 짓고 헌당식을 한 지 사흘 만에 떠나려니 여러 교우들과 큰일을 겪고 떠나는 약한 마음, 뒤를 돌아다봄이 적지 않으나……."(같은 책, p. 65)

"부흥사의 사명을 받은 나는 헌당식을 마친 지 사흘 만에 처와 어린 자식 넷을 거느리고 시베리아의 찬바람을 무릅쓰고 정든 교회와 교인들의 눈물의 전송을 받으며 사명의 길을 떠났다. 정을 생각하면 차마 떠나기 힘든 곳이었지만 그 정을 뿌리치고 새 사명을 가지고…… 나는 전적으로 순회부흥에 나섰던 것이다."(같은 책, p. 68)

목회자도 인간이다.

지극히 당연한 이 명제는 목회자로 하여금 완벽한 변명을 갖게 하는 데 공헌해 왔다.

그래서 목회자는 최소한의 목회 윤리를 위해서 성도들이 보기에도 가정보다 교회를 먼저 생각했고, 일부는 자녀 문제, 아내 문제 등 가정불화의 고초를 당하기도 한 것이 사실이었다.

그러나 진정 그 가정의 고통이 끝없이 그대로 지속되었는가? 분명 아닐 것이다.

확신한다.

고통처럼 보였을 뿐, 이전보다 훨씬 더 좋은 모양새로 하나님께서 가꾸고 인도하셨을 것이다. 여호와 하나님은 잊지 않고 기억하실 것이다. 그 수고와 희생을.

목회 전념으로 인해 미처 못 다한 자식의 돌봄, 희생당한 아내, 그리고 아쉬운 부분으로 가득 찬 가정의 여러 가지 미완성들.

그래도 목회자는 진심으로 가정보다 주님이 핏값으로 세우신 교회와 성도들을 돌보아야 한다.

목회자라면 누가 이것을 모르랴.

알지만 안 된다면 그 이유는 무엇인가?

목회자 자신이 가정을 돌본들 얼마나 궁색하랴.

혹 가정에 관한 학문 축적자가 이 글을 본다면 박장대소할 것이다.

그러나 그 웃음 속에 하나님의 돌보심에 대한 믿음을 소유했는가?

목회자의 가정에 대한 행복 여부는 오직 하나님의 손 외엔 대안이 없다고 믿는다.

가정에 대한 인간의 미련이 상실되는 그 순간부터 하나님의 손길은 지체 없이 임재할 것이다. 그리고 넘치도록 채워주실 것이다.

목회자의 가정은 교회와 함께 천국의 모형이기에 세상의 가정 앞에 언제나 우월하다. 그러기에 세속의 일반 가정을 대표하는 선도 책임이 있다.

결사적으로 설교하는가

"(황해도 송화읍 교회에서 부흥회를 할 때) 여기서도 또한 큰 이적과 기사가 많이 있었다. 그러나 나는 몸이 쇠약해져서 도저히 병석에서 일어날 수 없었으나 그들의 열심 있는 기도에 아픈 몸을 이끌고 강단에 서서 결사적으로 설교했다."(같은 책, p. 76)

"집회에 나서서 아무 지식도 지혜도 능력도 없었으나…… 하나님만 의지하고 각 곳에 다닐 때 주님이 같이하사 무한한 영광을 돌리게 했던 것이다."(같은 책, p. 78)

"그 후 해남에서 부흥회를 하다가 맹장염으로 아프기 시작했다…… 너무 고통을 당해서 공의가 와 보고는 급성 맹장염인데 24시간 안에 수술을 해야 되겠다는 것이었다…….

그러나 나는 결사적으로 기도만 했는데…… 이상하게 아침에 씻은 듯 나음을 주시었다."(같은 책, p. 102)

"전도에 들어가 순교자를 40여 명 낸 진말교회와 순교당한 문준경 전도사의 중동리교회 등을 다시 방문했다.

그러던 중 나는 병이 들어 집회하기가 곤란했으나 결사적으로 들것에 실려 다니면서 집회했다."(같은 책, p. 113)

목회자와 건강의 문제.

이것은 이성적인 합리성과 신앙적인 현실성에 관한 것이다.

몸을 돌보지 않는 목회자.

얼마나 어리석은가.

그렇다면 어리석을 만큼 몸을 생각지 않으면서 오직 주님을 위해 헌신한 목회자는 무엇이라 칭해야 되는가.

정직히 고백해서 목회자만큼 자신의 몸을 위해 부단히 애쓰는 부류도 드물 것이다.

어쩌면 시대 조류에 편승해 지금은 더욱 더 주도하는지도 모를 일이다.

'결사적으로 기도하고, 전도하고, 결사적으로 심방하면······.' 주님께서 그렇게 하다가 죽으라고 내버려 두시지는 않을 것이다.

우리 목회자들이 존경하는 대부분의 목회자들은 주로 무엇을 하든지 목회에 관한 한 "결사적"이었기 때문이다.

'교권 쟁취를 향한' 결사적인 자세에서 이제는 복음 전파와 '사회와 국가를 돌아보기 위한 교회의 사랑의 손길'에 "결사적"인 자세로 바뀌어야 한다.

사회와 국가를 향한 교회의 오픈(open)없이 수행되는 복음 전파의 효과성은 더 이상 설득력이 없는 시대가 되었다.

사랑의 손길을 우선 실천하는 교회만이 성장하는 시대가 올 것이며 이를 위해서 우리 목회자는 결사적인 헌신을 해야 한다.

현숙한 아내와 의논하는가

"그때 나에게는 큰 시험이 왔다. 장로교회에서 오라고 대환영이었던 것이다. 감리교회에서도 돌아오라고 대환영이었다.

성결교 작은 교단에서 인간의 야심과 시기심으로 가득 차 사람을 헐뜯는 것을 생각할 때 차라리 자유롭게 나아가 전도하는 것이 낫지 않으랴.

이러한 마음과 함께 사직서를 몇 번이나 썼는지 모른다.

그러나 어느 것이 주님의 뜻인지 몰라서 기도하고 또다시 기도하다가 나의 아내에게 마지막으로 의논했다.

아내는 사직하지 말고 순종하자고 했다.

일단 주께 헌신하고 목사 안수 받을 때에 본 단체에 충성할 것을 맹세한 것이 아니냐며, 거짓맹세하지 말 것과 또한 나를 수양시켜 준 은혜를 행여 배은망덕하지나 않을까 두렵다는 아내의 말에, 그대로 본 교단에 있기로 결심하고 총회장을 찾아가서 순종하겠다고 말했다."(같은 책, p. 82)

하나님의 종이라고 자부하는 목회자에게도 위기는 찾아온다.

당연한 것이다. 성도들은 위기를 맞이하면 쉽게 목회자를 찾아 의논하여 문제를 해결한다.

그러나 목회자는 오직 주님 외엔 상담할 상담자가 없다.

있다면 목회자의 아내일 것이다.

목회자의 아내는 목회자에게 있어서 어떤 존재인가.

정도(正道)를 안내하는 지혜 있는 내조자인가, 아니면 사술을 넣어주는 재간꾼인가?

이성봉 목사님께서 사직서를 써야 할 만큼 목회의 위기에 처했을 때 그의 부인인 이은실 사모님(현재 94세. 사위인 한국도자기 회장 김동수 장로와 사녀인 이의숙 권사가 보양 중)은 정도를 안내해 주었다.

아까운 재목이 쓰러지고 일어나는 목회자의 성쇠는 목회자 자신보다 어쩌면 내조자인 사모에게 그 비밀이 있는 듯하다. 우리 목회자는 아내 간수도 잘해야겠다.

목회자의 사랑이 충분할 때 지혜 있는 내조자가 될 것이다.

아내 사랑에 대한 책임과 의무를 목회일정에 넣는 것도 현대 목회자에게 지혜로운 예방책이 아닐까.

명예욕을 벗어났는가

"만주 봉천중앙교회에 목사로 임명받아 1941년에 이국땅 만주로 식구들을 거느리고 건너갔었다…… 또한 (중국) 북능에 신개척교회를 세워…… 나의 식구들은 고향으로 보내고 나 홀로 5년 간을 동만, 남만, 북만 방방곡곡 교회를 찾아 유리하는 우리 동포를 찾아 전도했다…….

나는 정치에는 간섭하지 아니하고 그저 순복음을 가는 곳마다 전했다.

그래서 죽은 심령이 살아나고 병든 자가 구원받으며…… 신앙 타락한 자가 회개하고 돌아오는 일이 부지기수였다."(같은 책, pp. 83-85)

현대 목회자들은 자료가 매우 풍부하기 때문에 목회자 자신만 부지런하면 연구할 기회도 많아서 누구나 설교를 잘할 수 있는 시대가 되었다. 그래서 오늘날은 설교에 관한 한 평준화가 된 듯한 인상을 받는다.

굳이 따진다면 합리적이고 조직적인 설교인가.

성령님과 항상 동행함에서 얻는, 넘치는 은혜의 설교인가.

아니면 이 두 가지가 서로 조화된 설교인가일 뿐이다.

목회자들은 이제 교단 행정(정치)에 진출하여 평준화의 시각을 깨뜨리려는 노력을 하고 있다. 우선순위에 등극하는 등용문은 정치 일선뿐이기 때문이다.

사실은 그러한 계급적 사고에서만 벗어나면 성장이라든지 전문적인 목회 강좌와 집필, 그리고 지역 주민들을 위한 '사랑의 손길 프로그램의 수립 및 실천' 등 여러 분야가 있는데도 불구하고 거의가 천편일률적인 방법에만 의존하고 있는 것이 안타깝다.

목회자의 보람은 이성봉 목사님처럼 신개척교회를 세운다든지, 죽어가는 영혼을 찾아서 복음을 전파한다든지, 신앙이 타락한 성도가 회개해서 바른 삶을 살도록 인도한다든지…… 이러한 일일 것이다. 그러나 현대 목회자들 중, 물론, 극히 일부라고 믿어지지만 꼭 그런 것만은 아닌 것을 볼 때 아쉽다.

명예심에 관한 목회자의 사명은 그 누구도 못 말리는 난공불락의 요새가 된 지 이미 오래이다. 험난한 목회자로서의 사명을 잘 감당하여 존경받을 수 있는 위치에 남아 후대의 귀감이 될 수 있음에도 불구하고 목회자의 마지막 유혹인 명예심에 대한 권위를 잊지 못해서 그릇된 경우를 많이 본다.

말씀인가, 사술인가

"마치 어떤 과부가 아이들이 굶주리고 헐벗었으니 차라리 양갈보 노릇이라도 해서 저것들을 살려야겠다는 정신과 같이, 그 모성애도 가긍하겠지만 그러나 그것은 인간의 일이다.

교회와 신자는 하나님의 것이니 인간적인 수단과 방법으로 기르면 전부 음행의 자식을 낳는 것뿐이니 안 된다."(같은 책, p. 90)

예수님을 십자가의 죽음으로 몰고 가는 데 앞장섰던 주인공들은 제사장, 서기관, 장로 등 뜻밖의 사람들이었다. 이것은 상식 밖의 일로서 예수님의 입장에서 볼 때는 허를 찔린 것이다. 제자인 가룟 유다가 주님을 팔고, 베드로가 주님을 부인한 것처럼 말이다.

목회자는 순수해야만 한다.

진실과 복음의 열정이 떠나지 않아야 한다.

이것이 목회자의 생명력이다.

인간적인 수단과 방법을 단호히 거절해야만 한다.

그러나 목회자 중 손자병법에 버금가는 능란한 모사를 유감없이 발휘하는 경우를 볼 때, 더구나 술수에 능할수록 더욱 경건하고 엄숙한 모습으로 변신하는 것을 보게 될 때 왠지 거리감을 느끼게 된다.

정직하고 신실한 목회자는 요란하지 않다.

자연스럽다.

평안함을 느끼게 한다. 또한 영적 감화력을 준다.

그러나 모사를 꾸미는 인간적인 목회자는 제아무리 별짓을 다해도 긴장감을 받게 하여 경계심을 갖게 하고 때로 성도들에게 상처를 줄지도 모른다.

목회자, 장로, 안수집사, 권사 등 존경받는 목회자와 성도는 어디를 가든지, 누구를 만나든지, 무엇을 하든지 한 가지 얼굴을 가진다는 공통점을 가지고 있다.

순수하며 맑은 눈동자를 소유한 바른 목회자를 만나보고 싶다.

삯꾼인가, 선한 목자인가

"나도 이제는 노경이 시작되고 모든 경험과 세태의 동향과 교회의 형편을 보고 이제는…… 환영보다 배척의 길, 평탄한 길보다 괴로운 길의 원치 않는 곳으로 잡혀가노라.

이제 산을 넘고 들을 지나…… 농촌과 산촌 도서 등지에서 부흥사를 못 청하는 곳에 끌리어 가노라…… 비록 본 교단이라 해도 대교회, 자급하는 교회는 집회를 일체 사절하게 된다…….(같은 책, p. 124)

해괴망측한 말을 들은 적이 있다.

아무개 부흥사는 부흥회 하러 교회에 가기 전에 교회에서 사례비를 얼마 줄 것인지 묻고는 그 대답을 들어야 간다는 웃지 못할 이야기이다.

물론, 옛날 이야기라고 믿고 싶다.

주님은 거저 받았으니 거저 주라고 당부하셨지만, 거저 주기는커녕 돈을 받고 파는 지경에까지 왔다.

이성봉 목사님께서는 배척의 길, 괴로운 길을 자청하여 가셨다.

우리 목회자들이 걷는 길은 어떤 길인가? 환영받는 평안의 존귀한 길만 가려 하지 않을까? 아닐 것이다. 그러나 아닌데도 불구하고 그렇게 보이거나 치부되는 이유는 왜일까?

신문상에 게재되는 수많은 부흥사들이 부럽다.

목회일정에도 눈코 뜰 새 없이 바쁠 텐데 무슨 재주로 다른 교회 부흥까지 신경 쓸까?

혹시 슈퍼맨인가?

모두들 부흥사를 청하지 못하는 어려운 교회만을 찾아가려는 부흥사들인가? 신문에 났으니 사가라는 것인가? 일 년도 모자라서 그 다음 해까지 일정이 잡혀 있는 부흥회 시간표를 신문에 게재하면 어쩌란 말인가?

다른 목회자보다 능력이 있으니, 자립한 교회는 찾지 말고 텅텅 빈 농어촌 교회를 찾으면 얼마나 좋으랴.

우리 목회자들부터 신문에 거창하게 게재된 부흥사들은 초청하지 않는 무슨 운동이라도 벌여야 하지 않을까. 주님께서 환영받고 평안하며 자급되는 인기 있는 길을 걸었다면 우리 인간의 모습은 어떠했을까?

인기와 명예는 유행에 목숨 건 연예인들에게 모두 위임하고, 목회자의 관심은 대다수의 미자립교회를 향한 교회 성장에 있어야 하지 않을까.

정통한 소식통(?)에 의하면 교회의 숫자가 다방의 숫자보다 꼭 두 개가 더 많다는 것이다. 그 정확성에 탄복했고 얼마나 생명력 없이 서 있기만 하는 교회인가 하는 비애감에 눈물지었다. 신문에 제발 게재하지 말고 조용히 부흥 사명 위해서 노력하고 그 비용 있으면 농어촌 미자립교회에 헌금으로 보내면 어떨까 한다.

가난한 이웃을 섬기는가

"나환자들이 나를 좋아하고, 나도 저들을 동정하여 남한에 있는 나병원 교회는 대개 안 간 곳이 없다…… 사회에서, 가정에서, 동리에서 버림받고 병으로 몸이 썩고 문드러지는 비참한 그들을 동정하여 찾아가서 복음을 줄 때 진정한 사랑, 참된 신앙의 무리는 그곳에 있는 것을 보았다."(같은 책, p. 114)

만약에 주님께서 우리 인간을 사랑한다고 수백 번 강조하시고도 성육신 사건, 십자가 사건 등의 실천이 없으셨다면 무슨 소용이 있는가.

죄악 된 인간을 오라고 하시고는 능력 없는 인간을 보고만 있었다면 어쩌했을까?

끔찍한 일이다.

마찬가지 아닌가. 목회자도 능동적으로 복음과 사랑을 손에 들고 찾아가야 한다.

등잔 밑이 어두운가? 이제는 등잔 밑부터 밝혀야 할 시대가 되었다.

수많은 각종 통계가 있는데, 지역 주민이 볼 때 내가 살고 있는 동네 교회의 가치는 어느 정도인가 하는 연구는 왜 없는지 모르겠다.

사실 교회가 들어서 있는 곳의 지역 주민들이 볼 때, 얻는 유익이 무엇인가.

소음공해, 일조권 박탈 등 현대적인 손익 판단만 할 것이다.

우리 목회자들이 그렇게 생각하도록 부단히도 협조했다.

한 주간 동안 대형교회는 주로 무엇에 사용되며 얼마나 방치되어 있는가.

영혼 구원을 위하여 지역 주민을 향한 교회의 문은 얼마나 열려 있으며, 들어오도록 하는 예배에 관련된 프로그램은 개설되어 있는가.

복음 선교를 위한 사랑의 손길 전담 교역자를 둘 시대가 된 것이다.

찾아갈 필요가 없다.

이미 그들은 교회 주변에 찾아와서 함께 살지 않는가.

다만, 목회자의 관심과 교회의 관심이 미치지 못했을 뿐이다.

사회에서, 가정에서, 동리에서, 직장에서 버림받고 상처받은 뭇 영혼을 위해서 교회와 목회자의 가치를 발휘해야 한다.

교육관을 지어서 얻은 결과에 대한 구체적인 연구는 없지만, 교회 이기주의를 볼 때 교회교육의 효율성은 실패하지 않았나 싶다. 단지, 이론적 틀만 발달했을 뿐. 왜냐하면 교회의 가치를 교회교육으로 유지했거나 실현하는 데는 미치지 못한다고 생각되기 때문이다.

이제는 복음 선교를 위한 사랑의 손길을 교회가 앞장서서 내밀어야 하며, 이론이 아닌 "구체적인 사랑"으로 뭇 영혼에게 다가서야 한다. 예수님께서 사람의 모습으로 우리와 같은 죄인에게 기꺼이 다가오셔서 더불어 살아주셨 듯이.

이제는 한국 교회도 사회와 국가를 위해서 공유(共有)하는 공동체의 삶을 위하여 모든 시설과 자원들을 기꺼이 오픈해야만 한다.

미래지향적인 사고를 지닌 바른 목회자는 자신의 삶을 초월하여 가정과 사회와 국가가 나아가야 할 방향을 하나님과 동행함으로써 선도하여 걷는 자이다.

- 출처 : 〈월간목회〉 1994년도 6월호, pp. 155-163

한국의 대부흥사 고 이성봉 목사의 성결한 삶의 분기점

한상균 | 총회 선교국 간사

사람은 누구나 자신의 원(願)과는 상관없이 인생의 전환을 가져다주는 사건과 만나게 된다. 사람에 따라서 그것을 가치창조의 기회로 삼아 영원히 잊지 못할 것으로 수용해 가는 사람이 있는가 하면, 어떤 사람은 재수가 없어서라고 여겨 한낱 운으로 치부함으로써 전환의 기회를 스스로 버리는 경우가 있다.

우리 교단 4대 전도 표제 중의 하나인 성결. 그 성결한 삶은 만사를 인생의 운(運)으로 해석하여 처신하려는 사람에게는 경험할 수가 없는 것이다.

성결한 삶은 주 하나님을 체험하여 형성된 신앙고백의 절정으로서 내면 세계에서 자발적으로 혹은 성령의 강권하심으로 우러난 것이다.

그러기에 이것은 우리의 외형적 삶의 변화에도 작용하여 성도의 외증(外證)이 되기에 필요 충분한 것이다.

하나님 앞에서 단독자로서 영적 상태의 변화를 경험하게 될 때 이를 흔히 중생(重生)이라고 한다면, 하나님은 물론 모든 사람과 환경 앞에서 보여지는 삶의 태도 변화와 의미 부여는 곧 성결(聖潔)이라고 해야 옳을 것이다.

성결한 삶은 인간 행동의 지고선(至高善)이라 믿으며, 도달하기 위해서 추구하는 이상향의 철학적 관념이 아니라 주 하나님을 체험하는 순간 결정되고 내주하시는 성령에 의해서 인도되는 실천적인 생활인 것이다.

돈, 이성, 명예와 같은 인간의 본능적 유혹에 노출되어 있는 불완전한 인생들 중에서 흠이 없는 성자적 모델을 손꼽아 보면 한국 교회사에 몇 분이나 될 것인가.

우리 교단이 낳은 한국의 대부흥사 이성봉 목사는 이에 대한 대안으로서의 역할을 지금도 우리들에게 제시하고 있다.

그의 헌신적인 성결한 삶은 윤리와 도덕 그리고 신앙의 가치 등 모든 것이 파괴되어 가는 오늘에 있어서 시대정신(時代精神) 그 자체인 것이기에 새롭게 다짐하며 출발하는 신년에 그를 만나고 싶은 것이다.

"밤늦게야 불량친구들과 함께 마차를 타고 '노세 노세 젊어서 노세 늙어지면 못노나리'는 유행잡가를 부르면서 기자묘 앞을 의기양양하게 지나오고 있었다.

그런데 갑자기 오른쪽 넓적다리가 뜨끔하더니 쿡쿡 쑤시기 시작했다……온몸에는 열이 오르고 이제 한 발자국도 걸을 수가 없었다.

사울은 다메섹 도상에 거꾸러졌으나 불량하고 난봉꾼인 이성봉이는 기자묘 앞길에 쓰러졌다…… 백약이 무효였다.

병원에서는 골막염이라는 진단을 내렸고 의사는 다리를 자르라고 했다…… 병이 점점 더 중해지니 나에게는 죽음만이 가까웠다."(《말로 못하면 죽음으로》, 생명의 말씀사, 1993. p. 30)

"참으로 허무한 것이 인생이다…… 죽음 아래 모든 것이 다 매장을 당한다.

나는 이러한 죽음에 대해서 느끼게 될 때에…… (지나간 삶에 관해서) 후회했다. (중략) 나는 이제 죄인인 것을 알았다."(같은 책, pp. 31-32)

이성봉 목사의 삶이 성결한 삶으로 변화되기까지 그는 죽음이라는 불가항력적인 사건을 통해서 죄인인 자신의 모습을 발견한 것이다.

사건과 만남의 내용은 개인에 따라서 달라도 하나의 공통점은 하나님 앞에서 자신이 죄인이라는 실체를 깨닫게 되는 것이다.

죄인임을 자각하여 주 앞에 서는 순간, 비로소 성결한 삶을 향유할 수 있는 실존적 자질을 갖추었다고 보겠다.

아이러니하게도 성결한 삶의 출발은 죄인임을 주께 고백하면서부터인 것이다.

그러기에 자신이 죄인이라는 신앙고백 없이는 성결한 삶은 영원히 살 수가 없는 것이다.

"평안 무사할 때는 가리어졌던 나의 양심이 최후에는 끝없이 예민하여져 불의한 나의 모든 죄를 낱낱이 손가락질한다…… '아, 나는 이 죄로 인해서 영원한 멸망의 구렁텅이로 빠지고 마는구나. 오, 하나님이여 나를 이 죄악에서 건지소서' 하고 (주님 앞에서) 대성통곡했다. (중략) 죽어도 회개나 하고 죽어야지 하는 최후의 호소였다…… 나는 무조건 항복하고 말았다. '하나님 한 번만 살려주십시오. 이제야 깨달았나이다…… 나는 이제 주의 손 가운데 있나이다' 하고 자복하고 회개했다."(같은 책, pp. 32-33)

주 하나님 앞에서 죄인이라는 실체를 깨닫고 난 후에 이성봉 목사는 죄 문제를 해결받기 위해서 주님께 대성통곡하는 철저한 회개를 했다.

그는 죄 문제를 근본적으로 해결받기 원하여 주님께 두 손 들고 항복함으로써 자신의 주인은 오직 하나님임을 눈물로 고백한 것이다.

이성봉 목사께서 한국의 무디 또는 한국의 대부흥사로서의 칭함을 받으며 성결한 삶을 살게 된 비밀은 바로 이것인 것이다.

죄를 회개함으로 흘리는 값진 눈물 없이 어떻게 성결한 삶을 살 수가 있을 것인가!

자신이 주 앞에서 죄인이라는 사실을 잊지 않는 겸비한 사람은 성결한 삶을 누릴 뿐만 아니라 가족과 직장 그리고 사회에도 그 영향을 끼치게 되는 것이다.

"하나님은 나의 기도를 들어 주사 마음에 참 평안을 주셨다. 나는 그때 비로소 성경을 받아들고 성경을 연구하기 시작했다. 그 전에는 성경을 보아도 맹물에 자갈 삶은 것 같아 아무 재미가 없었던 것이다. (중략) 나의 심령이 병들었을 때에는 귀한 주의 말씀이 아무 재미가 없었으나 내 심령이 건전(健全)하여진 후에는 구구절절이 나에게 은혜가 되는 것이다."(같은 책, pp. 33-34)

성결한 삶을 유지케 하는 활력소는 하나님의 말씀이다.

영혼이 죄로 병 들었을 때 하나님의 말씀이 어찌 꿀송이처럼 달 수가 있겠는가!

"맹물에 자갈 삶은 물" 같은 인생이 어찌 주 하나님께 성결한 삶으로 영광을 돌릴 수 있겠는가!

현대의 총체적 사회문제는 사람들이 "맹물에 자갈 삶은 물"같이 무미건조하여 창조자 하나님의 말씀으로 인한 영혼의 감격이 없기 때문인 것이다.

영혼의 감격을 맛본 인생은 주 하나님에 의해서 인도되는 천국 확장 사업의 최전병인 것이다.

"따라서 나의 병도 가장 적당한 때에 주님의 사랑과 신유의 이적으로 신기하게 치료받아 여러 번 죽을 자리에서 살았으니 병 중에서 약속한 대로 신앙생활은 물론 전적으로 헌신하기에 이르렀다. (중략) 그때부터 주일 낮과 밤에는 물론 삼일 예배에도 빠져 본 일이 없고 누구보다 일찍 나가서 종치는 일, 난로에 불 피우는 일, 등잔에 불 켜는 일 등 교회 일들은 모두 도맡아 하고 자진해서 교사 노릇을 다했다."(같은 책, pp. 35-36)

때와 사람과 장소는 달라도 한결같이 성결한 삶을 소유한 사람은 21세기에도 신유를 경험하게 되는 것이다.

우리 교단의 전도 표제에는 분명히 신유가 있지만, 꼭 없는 것처럼 보인다. 신유를 강조하는 사람도 보기 어렵지만, 신유를 강조할 만큼 성결한 삶의 소유자도 드물기 때문이리라. 신유는 반드시 깨끗한 마음, 정직한 생활이 믿음의 바탕이 되어 성령 충만할 때 경험되는 것으로서 어그러진 인간 조정을 위한 하나님의 영적 회복 기능인 것이다. 하나님의 사랑으로 회복된 사람의 유일한 소망, 그것은 오직 예수님께서 다시 오시는 재림인 것이며 그 외에 또 무엇이 있겠는가!

당신의 인생 중에서 성결한 삶의 분기점이 확실하게 있었다고 주께 고백할 수 있는가?

- 출처 : 〈활천〉 1995년 1월호, pp. 48-51

분수에 넘치는 생각이 불행 초래

회심한 그리스도인은 분별의 힘이 있습니다.

사울이 회심하는 장면은 사도행전 9장 17-18절입니다.

"형제 사울아 주 곧 네가 오는 길에서 나타나셨던 예수께서 나를 보내어 너로 다시 보게 하시고 성령으로 충만하게 하신다 하니 즉시 사울의 눈에서 비늘 같은 것이 벗어져 다시 보게 된지라."

여기서 비늘은 그리스어 'λεπις'입니다. 이는 '꽃봉오리의 겉 깍지'입니다.

꽃봉오리를 둘러싸고 있는 겉 깍지가 벗겨져야만 꽃이 피고 향기도 나고 결국에는 열매를 맺게 되겠지요.

사도 바울과 같이 회심하여 분별의 힘을 얻는 것은 오직 성령 하나님의 임재하심이 있어야만 가능합니다. 갈라디아서 6장 1절에는 회심한 그리스도인을 '신령한 너희는'이라고 표현했는데 '신령한'은 그리스어로 'πνευματικός'로서 '성령에 의한', '성령으로 난'입니다.

성령으로 난 그리스도인이라면 누구라도 바울같이 '분별의 힘'이 있을 것이고 이는 성경적인 자연스러운 현상입니다.

그래서 미움, 망상, 자기도취, 독선적인 생각, 기상천외한 자만심으로부터 벗어나 새 사람이 되어 현실을 직시하고 오직 말씀과 기도로서 하나님의 뜻을 따르는 겸손한 성령의 사람이 되는 것입니다.

램지(William Ramsey)는 《갈라디아인에게 보낸 사도 바울의 편지(St. Paul's Epistle to the Galatians)》에서 "분수를 모르는 사람, 만족함이 전혀 없는 사람의 공통점은 심령이 공허한 상태에 있다."라고 그 안타까움을 말합니다.

자신에 관하여 그 누구보다도 본인 스스로 잘 알고 있어야만 올바른 사람으로 세워지고 그 존재 기능에 충실할 수 있습니다.

그런데 분수를 몰라서 분별의 힘이 없어 여전히 미움, 망상, 자기도취, 독선적인 생각, 기상천외한 자만심에 빠져 있다면 본인은 물론이거니와 가정, 섬기는 교회까지 불행하게 만드는 것입니다.

"아무 일에든지 다툼이나 허영으로 하지 말고 오직 겸손한 마음으로 각각 자기보다 남을 낫게 여기고"(빌 2:3)에서 겸손 'ταπεινοφροσυνη'은 '정도를 넘지 않다', '스스로 자신을 낮추다'인데 그러한 겸손의 모습이 허영에 빠지지 않게 할 것입니다.

커크(Ernest K. Kirk)는《로마인에게 보낸 편지(The Epistle to the Romans)》에서 "믿음의 분량과 분수에 맞는 생각은 하나님이 일하시기에 가장 좋은 조건이며 정도(正道)이다."라고 역설합니다(롬 12:3). 믿음의 분량에 맞게 목회와 선교를 해야 하나님이 임재하시고 역사하십니다.

성경에는 66종류의 생각이 있습니다.

오늘 본문 고린도전서 10장 12절 말씀인 "그런즉 선 줄로 생각하는 자는 넘어질까 조심하라."의 생각이 만약 'κατανοέω'라면 '주의 깊게 생각하다', '특히 집중하다'입니다. 그런데 오늘 본문의 생각은 'δοκέω', 즉 '섣부르게 판단하다', '임의로 간주하다'입니다.

참으로 분수를 모르는 생각입니다. 무리하게 사업을 시작하거나 확장하면 파산하듯이 실력에 맞지 않게 대학 원서를 접수하면 실패하고 아파트 분양, 결혼, 주식, 건강까지도 마찬가지입니다.

캐나다 틴데일신학교 교수인 스나이더(Howard A. Snyder)는 〈국민일보〉에 '한국 교회는 교회 건축을 하나님의 뜻인 양 미화하지 말라'는 글을 기고했는데 이는 분수에 맞지 않는 생각이 얼마나 불행을 초래하는지를 보여줍니다.

사도 바울같이 비늘이 벗겨져서 미움, 망상, 자기도취, 독선적인 생각, 기상천외한 자만심에서 전부 벗어나서 우리 모두 다 불행을 예방하고 넘어지지 말고 끝까지 믿음의 분량과 분수를 유지함으로 완주합시다.

– 출처 : 〈한국성결신문〉 제1103호, 2017. 9. 6.(수)

신유, 그 놀라운 은총

상가 교회 부흥 한계 극복하고
소비 공간에서 영적 지성소로 우뚝

365일 새벽기도…… 쉬지 않는 기도 열정 뜨거워
원어 풀이 중심 강해 설교, 말씀에 생명 걸어
이번에 세 번째 봉헌…… 새 일꾼 세워 승승장구

인천시 부평구 화랑남로 13(산곡동) 부평현대교회(한상균 목사).

교회가 입주한 상가빌딩에 들어서자 요란스러운 각종 상점 간판이 먼저 눈에 들어왔다.

1층 분식점, 부동산, 반찬전문점, 4층 음악학원, 태권도, 세탁소, 5층 PC방 등 각종 상가 속에서 부평현대교회는 2, 3층에 자리하고 있다.

교육관과 선교관이 있는 맞은편 건물 역시 상가로 북적거렸다.

부평현대교회는 전형적인 상가 교회였다.

이러한 곳에서 교회가 성장할 수 있을까?

한눈에 봐도 새로운 신자들이 와서 교회당 입구에서 발을 돌릴 게 뻔해 보였다.

지난 6월 18일 찾아간 부평현대교회에는 예상과 달리 성도들로 가득했다.

흔히 상가에서 시작한 교회들은 성장의 한계에 부딪혀 중도에 문을 닫는 교회가 태반이다. 전세나 월세를 전전하는 교회도 많다.

그러나 부평현대교회는 '상가 교회는 부흥할 수 없다'는 통념을 깨고 건강한 교회를 일궜다. 다른 상점들과 공간을 나눠 사용하고 넓은 주차장도 없지만 세례교인만 200명이 넘는다.

출석 성도는 320여 명이다.

무엇보다 본당이 있는 현대프라자빌딩 2~3층과 교육관 및 선교관이 있는 다른 상가 3~5층이 모두 교회 소유이다.

이날도 제2교육관 등 3차 봉헌식과 임직식이 거행됐다.

안정된 성장을 일군 것이다.

건물이 아닌 본질에 충실하면 상가 교회도 얼마든지 부흥할 수 있다는 것을 보여준 것이다.

교회는 '건물'이 아니다

물론, 부평현대교회도 위기가 있었다. 아니, 실패에 더 가까웠다.

한때 단독 교회당이 좁아서 강단에까지 의자를 놓아야 할 정도로 잘 나가는 교회였다.

하지만 교회당 건물 일부의 소유권 이전 문제로 분쟁에 휘말렸다.

교단 재판뿐만 아니라 일반 법정까지 번질 정도로 갈등이 깊었다.

결국 성도들은 뿔뿔이 흩어지고, 교회는 폐쇄되고 말았다.

한 목사는 하나님 앞에 부끄러울 게 없을 만큼이나 신앙 원칙을 지켰지만, 따지고 보면 '예배당 건물'이 화근이 되고 말았다.

2005년 교회를 개척할 때에는 '교회당 건물'에 연연하지 않았다.

상가에 예배당을 얻었다. 이전과는 비교할 수 없는 열악한 환경이었지만, 은혜가 넘쳤다.

한 목사가 교회를 개척했다는 소문이 돌자 기존의 교인들도 하나 둘씩 교회를 찾아왔다.

한 목사를 믿고 새로운 출발에 기꺼이 동참해 준 성도들이 오늘의 부평현대교회의 초석이 되었다.

기도보다 앞서지 않는다

다시 교회를 시작한 한 목사는 한 가지 원칙을 세웠다.

'모든 일을 기도보다 앞서지 말자'는 철칙이다.

하나님께 묻고 아뢰는 것이 신앙의 본질이라고 믿었기 때문이다.

그래서 멈추지 않는 열정적인 기도를 강조했다.

새벽예배와 철야예배는 물론이고 주일예배에서도 기도가 앞섰고, 기도가 중심을 이뤘다.

지금까지 주일예배는 통성(회개)기도로 시작해 통성(결단)기도로 끝난다고 해도 과언이 아니다.

새벽기도가 365일 열리는 것도 특징이다.

하루의 시작을 기도로 열고 닫는다는 심정으로 매일 새벽을 깨우고 있는 것이다.

토요일은 전교인 특별새벽기도회로 열린다. 이러한 새벽기도의 바람은 부흥의 활력소가 되었다.

등록 성도들 중 상당수가 새벽기도에 왔다가 은혜를 받고 정착한 사람들이다.

특히 토요일과 주일 새벽기도 전에는 교역자들과 장로들이 한 줄로 서서 성도들을 맞이하고 있다. 부평현대교회의 열정적인 기도는 교회의 영적 발전소의 역할을 하고 있다.

말씀에 생명을 걸다

부평현대교회의 또 다른 특징을 꼽으라면 깊이 있는 말씀이다.

한 목사는 말씀에 생명을 걸고, 설교에 목회 인생을 걸었다.

그는 철저히 강해 설교를 한다. 설교 본문을 정하면 일주일 내내 본문 말씀과 씨름한다. 헬라어와 히브리어에도 능통한 한 목사는 직접 원문을 해석하고 또 그것을 영문판과 대조한 후 한글로 원고를 작성한다.

설교문이 작성되면 처음부터 마지막까지 모두 외워서 강단에 올라간다.

원고 내용은 물론이고 성경 구절, 헬라어와 히브리어, 영어 본문까지 모두 외워야 비로소 설교 준비가 끝난다.

하나님의 말씀을 온전히 내 것으로 만든 후 전해야 한다는 신념으로 매주 같은 작업을 반복하고 있다. 수요일과 금요 철야예배는 직접 칠판에 말씀을 풀어가면서 설교를 하고 있다.

이를 위해 한 목사는 지방회 임원도 하지 않고 목회만 전념했다.

폐병으로 사망선고를 받았던 그는 하나님의 은혜로 고침을 받은 후 하나님 말씀만큼은 생명을 걸고 전하겠다 약속했다고 한다.

한 목사는 "하나님 말씀을 철저하게 준비하고 전하는 것은 하나님과의 약속이고 내가 살기 위해 하는 것"이라며 "나도 은퇴하면 편히 쉬고 맘껏 놀고 싶다."라고 토로했다.

이렇게 폐 기능이 절반밖에 작동하지 않으면서도 철저히 준비된 설교를 목이 쉴 정도로 전하는 그의 열정 때문에 부평현대교회는 말씀 위에 든든히 서 가고 있다.

선교하면 부흥된다

부평현대교회의 부흥의 비결이 또 하나 있다.

그것은 선교에 아낌 없이 헌신한다는 것이다. 부평현대교회가 매달 후원하는 선교지는 국내외를 합쳐 30곳 이상이다.

매달 선교비와 장학금으로만 2천만 원 가까이 지출한다.

교회 재정의 35퍼센트 가까이를 선교비에 사용하고 있는 것이다.

한 목사는 "하나님 나라를 위해 아낌없이 사용하면 반드시 채워주신다."면서 "선교를 쉬지 않고 열심히 한 것이 교회 성장으로 돌아왔다."라고 말했다.

무엇보다도 부평현대교회는 태국과 브라질의 현지인을 한국으로 초청해 신학교육을 시킨 후 다시 현지로 보내는 사역을 몇 년째 감당하고 있다.

지금도 태국과 브라질에서 현지인 사역자 두 명이 와서 일 년간 언어를 공부하고 서울신학대학에 들어갈 준비를 하고 있다. 지금까지 부평현대교회의 지원으로 서울신학대학에서 신학 공부를 마치고 돌아간 현지인만 세 명이다.

이렇게 5년씩 후원하는 비용이 만만치 않지만, 효과는 매우 크다. 본국에서 신학 교수로 사역 중인 목회자도 있다.

교회다운 교회 물려주고 싶어

한상균 목사의 마지막 꿈은 '다음 세대에 교회다운 교회를 물려주는 것'이다.

현재 부평현대교회의 교육관은 세 곳이다.

본당 맞은편에 교육관 건물이 있으며 본당에도 두 개의 교육관이 자리잡고 있다.

이렇게 교회 규모에 비해 교육관이 많은 이유는 다음 세대를 위함이다.

한 목사는 "교회가 부흥하고 성장하는 것도 중요하지만, 이곳을 물려받을 다음 세대가 없으면 무엇을 위해 헌신하겠는가?"라며 "다음 세대를 양육해 그들에게 교회를 물려주는 것이 우리가 할 일"이라고 말했다.

실제로 부평현대교회의 교육부서는 유아부를 비롯해 유치부, 유년부, 초등부, 중등부, 고등부 등 총 6개의 기관으로 아낌없이 투자하고 있다.

상가 교회는 부흥할 수 없다는 한계를 돌파한 부평현대교회는 다음 세대를 양육해 미래를 대비하고 있다.

소비와 세속의 물결 한가운데 살면서 세상에 빠지지 않고, 오히려 영적 쉼터 역할을 하는 부평현대교회의 아름다운 도전은 지금도 진행형이다.

– 출처 : 〈한국성결신문〉 제1094호, 2017. 6. 24.(토)

무교회 지역의 성탄 새벽송 특공대

한상균 | 총회 선교국 간사

온갖 갑론을박 끝에 그곳에 가기로 결정한 것은 그날 밤 10시경이었다.

우리들이 귀가하려고 교회 문을 나섰을 때는 이미 깊은 감동과 미지의 경험에 대한 호기심으로 인해 겨울밤 별빛만큼이나 눈망울들이 빛났다.

그리고 보니 아기 예수를 맞는 우리들의 모습은, 마치 버스 정류장 근처에서 붕어빵을 굽는 아저씨의 무표정한 얼굴처럼 성탄절을 그렇게 구워내듯 하지 않았던가.

아기 예수 탄생의 그 역사적인 그리고 성서적인 의미를 전혀 모르는 불신자들도 이 성탄절을 나름대로 즐기려고 얼마나 기상천외한 많은 계획들을 뿜어내는지…… 그 치밀함 그리고 그 열정들.

예수님을 구원자로 고백한, 그래서 더 이상 하나님과의 자녀 관계를 무를 수 없는 우리들. 그런 우리들은, 얼마만큼 그날을 소망하며 신앙생활의 새로운 전기를 위해 '성탄 체험에 대한' 방법을 손꼽아 기다렸는지를 돌이켜보며 반성했다.

그래서 우리들은 그런 결정에 더욱 신이 났고 또 한편으로는 두려웠다.

그리고 며칠 후 칠흑 같은 겨울밤에 우리들은 외딴 들녘, 산마루턱 등 교회라곤 찾아볼 수 없을 만큼 고립 무원한 무교회 지역 마을 몇 곳을 선택해서 5인 1조가 되어 우리 3인조는 바람 한 점 못 들어오도록 중무장한 복장으로 약간의 선교헌금과 오직 초코파이만을 꾸러미로 묶어 들고 길을 나섰다.

예수님 탄생에 대해 설명이 담긴 전도지도 한 장씩 넣은 작은 꾸러미를 가지고 사전에 답사한 대로 5인 1조마다 세 집, 어떤 조는 네 집 모두 열한 집을 다니며, 예수님 탄생을 전했다.

싸리문 혹은 토담 옆에서 비록 불협화음이었지만, 젊은 사내 녀석들의 끝내주는 우렁찬 찬송 소리에 외딴집 식구들은 눈을 비비며 어김없이 나왔다.

뜻밖의 '무뢰한'들을 오밤중에 맞이하고도 결코 분을 내지 않던 그 할아버지, 그리고 젊은 청년의 잠이 덜 깬 모습. 그들은 그날 밤 예수님을 분명히 만났고 평생 예수님을 잊지 않고 살아왔을 것이리라.

나중에 알게 된 사실이지만, 그 물골 마을, 소란 마을 그리고 십리 마을이라 이름 한 그 산간마을에도 예수님의 운행은 여상했다.

우리네 성도들은 신앙 사건을 통해 마음에 늘 그리는 이상향이 분명히 있고 이것을 주님 보시기에 아름답게 이루려는 신앙의 선택적 결단을 하려고 부단히도 애쓴다.

며칠 앞으로 다가온 이 성탄 계절을 붕어빵 굽듯 또 그렇게 똑같이 구워내려는지……. 아니면 복제된 감정을 가지고 남들이 하는 대로 덩달아 또 그렇게 시간을 보낼 것인지……. 해서 잊지 못할 성탄 체험 사건을 만들어 준 신앙의 이정표를 소개해도 좋을 듯하지 않는가.

"All christians ought to recognize themselves as obligated to choose in accordance with the ideals which they acknowledge."(모든 성도들은 스스로 인정하는 이상향과 일치하는 선택을 했을 때는 그 선택을 의무로 인식해야만 한다.)

이는 성도와 교회의 문턱을 넘어 오늘의 시대정신에도 부합되리라 믿어 의심치 않는다. 그래서 내 스물한 살의 성탄의 밤은 그렇게 깊어갔었다.

교회는 작고 세상은 아직도 넓다.

– 출처 : 〈활천〉 1995년 12월호, pp. 66–67

신유, 그 놀라운 은총

한상균 | 부평현대교회 목사

누구에게나 잊지 못할 아름다운 추억이 있습니다.

제게도 목숨이 있는 동안에 잊지 못할 행복이 있습니다.

매년 12월 9일이 되면 생각이 절로 납니다. 1989년 초겨울의 그날은 제 입에서 피를 토하던 변화의 첫날입니다.

영양실조에서 오는 폐결핵으로 쓰러져 하나님을 더욱 확실히 본 날입니다.

1975년 7월, 서울사대부중 2학년 때 출석하던 제기중앙교회 중고등부에서 여름 수련회를 한얼산기도원으로 갔습니다. 우리를 지도하시던 신승구 전도사님의 권유에 못 이겨서 억지로 따라갔다가 회심하고 그날 저녁에 방언 체험까지 했습니다.

그 시간부터 지금까지 새벽기도 시간에 빠지지 않을 만큼 은혜를 사모하고 있습니다.

그러나 사경을 헤매는 중에 나를 찾아오시고 만나주신 예수님은 그 이전의 주님과는 또 다른 모습이셨습니다.

서울신학대학교 신학대학원(M. Div) 3년 과정은 제게 여러 가지 소중한 신앙의 추억을 선물했는데 그 많은 이야기 중 하나가 폐병에 관한 것입니다.

저에게 전도사라는 직분을 처음으로 준 강변성결교회에서 고등부와 대학부를 맡았습니다. 평일에는 수요 저녁예배, 금요기도회, 토요일 대학부 예배를 하고 그리고 주일에는 고등부 예배를 하고 학교에 오면, 스승이신 최종진 박사님의 조교로 행정 일을 하면서 로버트 윌슨(Robert Wilson)의 《고대 이스라엘의 예언과 사회》를 번역 및 탈고하는 일을 오랫동안 했습니다.

강변교회에서 사례비로 160,000원을 받았고, 학교에서는 조교 연구비로 100,000원을 받았지만, 신학생의 생활은 매우 어려웠습니다. 한 번은 점심시간에 제가 밥을 못 먹으니 최종진 교수님께서 50,000원을 주시면서 학교식당에서 식권을 사서 끼니를 해결하라며, 밥을 굶지 말라고 하신 적이 있습니다.

나중에는 교수님 아버님께서 목회하시는 신례원교회에서 주는 것이라며 매월 노란 봉투에 30,000원을 담아 졸업할 때까지 주셨습니다.

그 천금 같은 30,000원으로 450원 하는 식권을 산 것입니다.

저의 부모님은 당시 제기동 고려대학교 이공대 앞에서 노점으로 호떡 장사를 했습니다.

경찰이나 구청 단속반이 나와서 강제로 철거를 하거나 리어카를 부수기도 했습니다.

노점을 했다고 벌금을 물리면 그 비용이 없어서 동대문경찰서 유치장에서 갇혀 있는 아버지를 종종 보곤 했습니다.

서울사대부중 때나 양정고등학교를 졸업하던 청소년 시기에 내내 월사금을 제때 내지 못해서 친구들 보기에 민망한 일도 참 많았습니다.

그렇지만 한얼산기도원에서 체험한 하나님의 은혜가 있어서 탈선하지 않고 교회 학생회 활동도 더욱 열심히 했습니다.

그 어려운 가정생활이었는데도 부모님은 한결같은 기도와 희생으로 내가 오늘날 하나님의 종이 될 수 있도록 이끌어 주신 것입니다.

그 호떡을 팔아 오남매를 훌륭히 키우셨으니 저는 지금도 설교 시간에 저의 부모님을 만나게 된 것을 늘 자랑합니다.

성균관대학교 사학과 3학년 때 결혼을 하고 서울신대 대학원 과정 중에 있으나 이러한 가정 형편상 부모님께 의지할 수가 없어서 고학을 하는 중, 교회와 학교에서 주시는 사례비로는 늘 힘든 나날이었습니다.

하나님께서 제게 삼남매를 선물로 주셨는데 큰딸 서희의 분유 값이 없어서 교회와 학교 일을 틈내어 서울 남영동에 있는 '아이템플'이라는 학습지 회사에서 학습지 160부를 돌리다가 허기가 져서 한겨울인데도 식은땀으로 옷이 젖을 때가 많았습니다.

배는 고프고 허기가 져서 연탄 때는 굴뚝에 몸을 기대어 잠시 쉬고 있는데, 어느 스님이 저를 보고 불쌍했던지 따뜻한 코코아를 한 잔 주어서 마시고 나니 힘이 생긴 일도 있습니다.

이렇게 한편으로는 공부하고, 한편으로는 교회와 학교 조교 일을 거들고, 또 한편으로는 분유 값을 버는 등 잘 먹지 못하고 몸을 혹사하다가 결국 몸이 견디지 못하고 폐병이 들었습니다.

피를 많이 토하니까 아무도 저와 제 집을 찾지 않았습니다.

그러한 지경에 정신을 잃고 사경 속에서 하나님께 서원했습니다.

'하나님, 한 번만 살려주시오면 올바른 목회자, 사명 다하는 주님의 신실한 종이 되겠습니다.'

저는 알게 되었습니다.

하나님을 만나고 회심의 은혜와 성령의 감동이 있는 사람은 생각이 바뀌고 사상이 바뀌고 생활의 변화가 분명히 있다는 사실입니다.

목사님 중에, 신학교 교수님 중에, 선교사님 중에 진정 회심의 은혜 사건이 없으면 사변적인 종교철학과 비성경적이고 이론적인 신학사상에 푹 빠져서 마치 그것이 하나님의 말씀인 양 외치고 가르치고 집필하고 주장하여, 예수 그리스도의 제자를 양육하는 것이 아니라 마귀가 좋아하는 사탄의 무리를 양산하는 짓을 버젓이 합니다.

하나님께서 존귀케 했어도 짐승같이 깨닫지 못하는 것(시 49:20)은 심령 상태가 어둠에 갇혀 있기에 예수 그리스도의 빛을 깨닫지 못하는 것입니다(요 1:5).

작은 목회를 하면서 음란물을 즐겨보다가 성도에게 발각되어 일 년도 못 채우고 교회를 사임한 전도사, 통성기도 시간과 새벽기도 시간이 힘들다고 보름도 못 되어 목회를 접고 교회를 떠난 전도사, 교회에 분란이 나서 온 교우가 합심해서 기도할 때에 교회를 더욱 어지럽힌 전도사, 교회학교 부서를 맡겼더니 일 년 만에 30퍼센트를 남기고 70퍼센트는 털어먹은 전도사, 요즘 자살이 사회 병폐인데 자살해도 구원받을 수 있다고 설교한 전도사 등, 참으로 기가 막힌 일입니다.

중학생이 주일 낮 학생부 전도사의 설교를 듣고 집에 가서 전도사님의 설교가 이상하다고 말했고 그 아버지가 장로님께 건의하여 장로님이 해당 전도사를 찾아서 1시간 30분이나 면담하여 왜 그러한 설교를 했느냐고 했더니, 학교에서 수업 시간에 교수님께서 그렇게 가르쳐서 자기도 동의하여 교회 와서 그렇게 설교했다는 것입니다. 회심의 은혜와 신유의 간증 체험이 있는 교수라면 과연 그렇게 사탄의 신학교육을 할 수 있을 것인가. 안타까웠습니다.

자살할 때까지 신앙 안에서 선하게 살았으면 천국 가고, 악하게 살다가 죽었다면 지옥 간다고 교수님께 수업 시간에 배웠다는 것입니다.

다시 제 이야기입니다.

신실한 목회자가 되기로 서원한 그 기도가 마음에 드셨던지 하나님은 제 생명을 연장해 주셨습니다.

지금 이 시간에도 연장 중에 있으며, 서원한 그때 그 초심의 마음이 타락하고 부패하면 하나님께서는 저를 지체하지 않으시고 불러갈 것이기에, 저는 매일이 긴장의 연속입니다.

이 순간에도 하나님이 제일 무섭고 떨립니다.

총회장님이셨던 신덕성결교회 김현명 목사님과 이상훈 학장님께서, 나중에 이성봉 목사님의 후손인 줄 알게 되었지만 한국도자기 성봉선교회를 추천해 주셔서 김동수 장로님, 이의숙 권사님을 만나게 되었습니다.

그 당시 폐병 중에 있는 저를 서울 연희동에 이사 오게 하시고 성봉선교회 일을 맡기셨습니다. 몸이 성치 않은 것을 보시고 이의숙 권사님은 영양에 아주 좋다고 개소주를 모래내시장에서 달여 주셨는데 어림잡아 20마리 이상은 먹었을 것입니다.

이성봉 목사님의 《말로 못하면 죽음으로》라는 자서전과 기타 여러 설교집을 수정하고 보완하여 '생명의 말씀사'에서 개정판을 내서 당시 베스트셀러가 된 것은 지금도 보람입니다.

특히 극동방송의 펄 선교사님, 임기경 비서님, 김미정 엔지니어, 요즘 크게 활약 중이신 박종호 성가사와 같이 이성봉 목사님의 육성 찬송을 복원하여 테이프로 한국 교회와 성도들에게 내어놓은 일은 너무나도 유익한 시간이었습니다.

호떡 장수의 아들로 중고등부 시절을 보내고 성인이 되어 난생 처음 신앙의 명문 가정이요, 하나님의 축복된 부유한 가정인 김동수 장로님, 이의숙 권사님과의 일상생활은 저로서는 귀하고 복된 일이었지만, 그분들께는 여러 가지로 창피했을 것입니다.

모든 것을 가르쳐야만 그분들의 수준에 미치게 되기 때문입니다.

하루는 권사님께서 부르셔서 갔더니 일본에서 사온 것이라며 코털 깎는 기계를 주시는 것이었습니다. 그러고는 코털이 보이면 사람이 지저분해 보이니 단정하게 하라고 이르시기도 하고, 책을 한 권 가져오라고 하시고는 머리에 얹고 걸어보라며 팔자형으로 걷지 말고 반듯하게 걸으라고 하시고, 바쁘게 뛰는 저를 부르시고는 발뒤꿈치를 살짝 들고 걸으면 소리가 나지 않는다고 하시고, 식사를 할 때는 음식 씹는 소리를 내지 말고 먹어야 점잖다고 하시면서 애정 어린 가르침을 주셨습니다.

손님맞이 하는 방법, 전화받는 방법, 인사하는 방법, 돈 관리하는 방법, 여러 가지 생활 훈련을 거치면서 저는 점차 사람의 모양이 되어갔습니다.

지금도 만나면 이의숙 권사님께서는 예전에 참으로 미안했다고 말씀하시지만, 저는 어머님 때문에 사람 되었다고 응수하고 서로 웃고 서로 손잡고 서로 축복기도하고 헤어집니다.

되돌아보면 폐병은 참으로 귀한 추억이 된 것이 분명합니다.

심령이 바뀌어 죄를 미워하고 말씀을 연구하고 들을 때에 집중하고 기도하는 생활이 즐거운 것은 물론이거니와 오랫동안 피를 흘리는 폐병의 고난기간만 해도 성경을 여섯 번 통독하고, 기도 중 하나님의 음성을 듣고 천국의 소망을 분명히 하게 되었으며, 내 인생의 형편을 볼 때 김동수 장로님, 이의숙 권사님과 같은 신앙의 명문 가정을 만나게 하심은 하나님의 축복입니다.

미국 LA 남서부지방회 소속으로 제18차 미주성결총회에서 목사 안수를 받을 때에 이성봉 목사님의 큰사위이신 정승일 목사님의 기도로 성봉선교회 1호 목사가 된 것을 무한한 기쁨으로 여기고 삽니다.

한 가지 소원이 있다면 나같이 천한 사람을 하나님의 은혜로 사람 만들고 목사가 되도록 인도해 주신 김동수 장로님, 이의숙 권사님이 나머지 생애에도 하나님의 축복하심과 환희와 기쁨이 넘치는 것입니다.

또한 슬하에 있는 김영신, 김영목, 김영은 세 자녀가 우리 교단을 빛낼 훌륭한 장로님과 권사님이 되어 끝까지 축복의 통로가 되기를 오늘도 기도합니다.

- 출처 : 〈활천〉 2009년도 8월호, pp. 40-42

교회 주보는 교회의 얼굴

한상균 | 신길성결교회 편집실장

화장실에 갔습니다.

보기에도 시원할 만큼 아주 널찍한 공간의 화장실은 만약에 농어촌 미자립교회의 목회자가 본다면 기가 푹 죽을 만큼 시설이 좋았습니다.

하얀 타일에 깨끗한 거울, 고급스러운 세면대, 수도꼭지는 만지기만 하여도 물이 솟구쳤습니다.

그러나 화장실 바닥에 나뒹구는 몇 장의 교회 주보를 보는 순간, 감정이 순간적으로 바뀌는 것도 역시 생리현상 그 자체였습니다.

무지막지하게 구두 발자국으로 짓밟히고, 구겨져 있으며, 물이 묻어 버린 교회 주보였습니다.

쓰레기통에 주워서 버리려고 집어 들었습니다.

막 던지려는 순간, 주보에 찍힌 일자가 시선을 멈추게 했습니다.

아니, 웬일인가?

오늘 주일주보가 아닌가.

시간적으로 보아 1시가 좀 넘었으니 몇 부 예배를 드린 성도가 버린 것인지는 알 수 없는 노릇이지만, 분명 우리 성도님(?)이신 것만은 분명하지 않겠는가?

예배 시간에 찬송을 찾아 펼칠 때에도 사용했고, 기도 시간에도 오늘 기도는 어느 분이 하시는가 하고 읽었을 것이고, 교회 소식란에도 분명 성도님의 관심어린 눈길이 갔을 것입니다.

그러고 나서 예배가 끝나기가 무섭게 주보는 자신의 주인으로부터 모질

게 배신(?)을 당해 버린 것입니다. 뭔가 좀 이상합니다.

오후예배 때 성전 안에도 아무렇게나 버려진 주보가 많이 있었고, 폐회 후 귀가 길목 곳곳에도 버려지기는 마찬가지였습니다.

교회를 방문하는 초행자가 있다면 그에게는 교회를 찾는 데 하나의 좋은 이정표(?)는 되겠지만, 예수님을 모르고, 교회를 모르는 우리들의 전도 대상자인 세상인들이 혹시라도 관심있게 본다면, 그래서 그중에 전도의 문이 좀처럼 열려지지 않게 된다면……. 이렇게, 저렇게 생각해 보니 아주 끔찍한 하나의 사건이었습니다.

성도님들의 숫자가 아주 많은 우리 신길교회이지만, 조금은 주보에 관하여 신경을 써야 되지 않을까. 성경을 통독하면 성의가 담긴 시상을 하는데, 주보 일 년 치를 다 모으면 하드커버로 꾸며진 주보 책을 만들어 되돌려주면 어떨지.

주일예배도 준수하고, 일 년 되면 주보 책도 선물받고.

교회 중심 생활처럼 신나는 일이 또 세상 어디에 있는가!

– 출처 : 신길성결교회 〈신길복음뉴스〉, 1993. 1. 31.

PART **3**

생각을 다듬어주는
맑은 글들

제1장 **지혜**

신앙생활의 격언

"거듭난 자가 복음을 전하지 않을 때 사탄은 그를 가장 경멸한다."

– 선교신학자 J. H. Bavink

"마귀의 취미생활은 올바른 신자는 멀리하게 하고 감정의 동조자들과 몰려다니게 하는 것이다."

– 사도 바울의 타문화권 선교 연구가 Rolland Allen

"축복의 말씀을 전할수록 비난받기 때문에, 하나님이 보호하시지 않는다면 이 세상 직업 중 목사가 제일 불행한 직업이다."

– 사회 윤리학자 Reinhold Niebuhr

"구원받은 자는 새벽에 잠자지 않는다. 잠은 가장 큰 지출이기 때문이다."

– 미국의 강철왕 Andrew Carnegie

"이미 짝지어진 수컷과 암컷 부부의 기생충에 다른 암컷 기생충을 넣었으나 수컷 기생충은 이미 짝지어진 암컷 기생충만 돌보고 있더라."

– 단국대학교 의과대학 기생충학 박사 서민 교수

"성도들과 달리 지옥자식(마 23:15)인 교인들은 희생 없이 믿으려고 애쓴다."

– 한상균

"하나님은 인간에게 자유의지를 부여하셨지만 고집을 준 적은 없다."

– 초대교부 Origen

"경건한 신자는 말하지 않는다. 단지 기도할 뿐이다."

– 청교도 지도자 Richard Baxter

"아들아, 나는 더 없이 행복하구나. 드디어 네가 하나님을 믿게 되다
니……."

– A. Augustine의 어머니 Monica의 유언 중에서

"신자는 맹세(장담)할 수 없다. 끝까지 믿을 뿐이다."

– 1527년 《재세례파 7개조 신앙선언문》 중에서

"봉사하지 않는 자는 교회를 안다고 할 수 없다."

– 미국 전 대통령 Jimmy Carter

"가장 큰 저주는 자신의 감정 안에서 믿음을 소유한 것이다."

– 목회상담학자 Jay E. Adams

"아름다운 외모는 이 세상 최고의 추천장이다.
그러나 신을 향한 믿음은 그 신이 그 사람을 사용하시는 면허장이다."

– 고대 그리스 철학자 Aristotle(B.C. 384–322)

"비판은 자신의 한계를 드러내는 가장 빠른 지름길이다."

– 중세 스콜라 신학자 John Duns Scotus

"새 가롯 유다인 A. B. Karlstadt같이 우리는 진정 변질되지 말자."

- 종교개혁자 M. Luther

"전하지 않는 것은 은혜의 경험이 없는 증거이다."

- John Stott

"설명할 수 없다는 것은 이해하지 못한 것이다."

- Albert Einstein

"신앙고백을 생활로 드러내지 않는 기독교 신자를 나는 가장 증오한다."

- Adolf Hitler

"염려는 하나님을 신뢰하지 못하는 불신앙의 공간이다."

- James E. Lightfoot 목사

"저희 가족이 예수님의 은혜를 깨달으며 감사하면서 살게 해 주세요.
저희 가족이 온전한 예배를 하도록 각자의 마음에 주인이 되어 주세요."

- 김숙연 권사의 일천번제 예물 1번 기도제목

"누구든지 그 심령 상태가 그 사람을 만들어 간다."

- Beckwith T. Isbon 목사

"자신의 생활은 허락받은 하나님의 자녀인지를 스스로 증명하고 있는 것
이다."

- Almen C. Purdy 목사

"하나님의 말씀이 선포되면 마귀는 궤술을 써서 그 말씀을 믿지 못하도록 열심히 분석하게 한다. 그러나 신앙고백은 분석, 의논, 협약에서 나오는 것이 아니고 전적인 하나님의 주권적인 은혜에서 나온다."

— 《Heidelberg Catechism (독일 하이델베르크 교리문답서)》

"하나님의 말씀을 듣고 책잡는 사람은 회심이 없어 감정적으로 받기 때문이다."

— Edwin S. Palmer 목사

"사람은 누구나 인정받을 때에 기쁘고 즐거우며 자신감, 안정감, 소속감을 얻게 되고 도약할 수 있게 하는 디딤돌(stepping stone)과 같은 힘찬 계기(motive and incentive)를 부여받는다."

— Ernest G. Scott 목사

"하나님의 말씀이 영광스럽게 성취되는 가장 중요한 일은 끝까지 기도로 달리는 것이다."

— James F. Everett 목사

"모든 사람들이 다 달려가는 것은 아니며 다 달음질하여도 모두 완주하는 것은 아니고 오직 생애에 목적이 있는 자뿐이다."

— Howard Goudge 목사

"WCC(세계교회협의회) 반대는 하나님을 믿는 자녀로서 '최소한의 신앙 양심'이다."

— 광주 안디옥교회 박영우 목사

"성령이 없는 교회는 하나님의 성전이 아니며 콘크리트 건물에 불과하다."

– Howard A. Snyder 목사

"돈도 써야 될 타이밍이 있는데……. 그걸 놓치면 돈은 돈대로 들고 일도 망치더라."

– 대한항공 조양호 회장

"예수 그리스도가 하나님이시며 나를 위해 죽으셨다면 그분을 위한 나의 어떤 희생도 결코 크다고 할 수 없다."

– 1913년 영국 WEC선교회 창설자 C. T. Studd 목사

"설교는 가장 효과적인 진리 전달 시간이므로 황금보다 더 귀하다."

– Philips Books 목사

"성령의 감동을 받지 못하면 말씀의 강론은 오류의 기록일 뿐이다."

– William Hendrickson 목사

"설교 시간은 내게 말씀하시는 하나님의 마지막 권면사이다."

– Herrick Johnson 목사

"믿음의 기도는 항상 하나님께 유익하지만, 신념에 찬 기도는 화려하나 실상은 아무에게도 유익이 없다."

– 종교개혁자 Martin Luther의 《A Simple Way To Pray(간단한 기도방법)》 중에서

"천국은 현재 생활의 '완성(complete)'이다."

– John R. Parry 목사

"하나님의 언약의 말씀은 누구에게나 열려 있는 '기회의 말씀(the Word of the main opportunity)'이다."

– William L. Knox 목사

"하나님의 말씀은 익숙한 길에서 새로운 길로 방향을 바꾸는 '유일한 방법'이다."

– Charles A. Briggs 목사

"진정한 사랑에는 광기(madness and craziness)가 있는데 특별히 그리스도인들에게는 예외 없이 있음에 놀랍다."

– 무신론자 Friedrich W. Nietzsche

"그리스도인으로서 그들이 믿는 예수 그리스도와 성경에 빠지지 않는 것은 최고의 모순(contradiction)이며 가장 악한 염세적(pessimistic)이다."

– 비관론자 Arthur Schopenhauer

"진정으로 하나님께 감사한다면 예배로 증명(proof)해 보라."

– 영국 해군 제독 Horatio Nelson

"하나님의 은혜는 매일매일 채워야 하는 영양분(nutrition)과 같은 것으로 감사는 이 은혜를 먹고 자란다."

– James Moffat 목사

"자동차 수리를 아무리 잘 한다 해도 새 차와 같을까? 이와 같이 범죄한 후에 회개함으로 용서받은들 그 순전함이 첫 마음 같으랴!"

– 미국 Washington D. C. 거주 자동차 딜러 James M. Hogg 장로

"여호와 하나님은 그 말씀의 지식을 알고 난 뒤 정직하게 생활하고 있는 지를 항상 계수(calculation)하신다."

- George B. Caird 목사

"성경말씀은 오직 예수 그리스도를 조명(illumination)하여 죄인을 구원시키고 하나님의 영광을 드러내려고 기록된(scripture) 생명의 복음이다."

- Ernest K. Kirk 목사

"사자의 입과 같은 죽음과 절망의 위기에서 나를 건져주신 것은 복음 전파를 위한 기회와 배려이다."

- Ernest K. Scott 목사

"사람을 세우시고 폐하심은 창조주 하나님의 주권적인 섭리(divine providence)이다."

- Barnett H. Branscomb 목사

"마음이 이끌리는 것에 생각이 머물고 생각한 그대로 사람은 행동한다."

- Terrien H. Robinson 목사

"새 성도는 앞문으로 들어오고, 낙심자는 뒷문으로 미끄러져 나간다."

- Aubrey Malphurs 목사

"진정으로 거듭난 그리스도인은 생각, 사상 그리고 생활이 바뀐다."

- Aurelius Augustine

"복음에는 국경이 없지만 그리스도인에게는 자기를 낳아준 조국이 있다."

- Peter Beyerhaus 목사

"졸음은 병입니다."

– 한국도로공사 청계영업소

"자존심은 얻는 것보다 잃는 것이 더 많다."

– 한상균

"세계 여러 곳을 다녀보아도 교회가 제일 평안합니다."

– 안동헌 안수집사

"하나님은 '역설적인 삶의 원리'(paradoxical the principle of life)로 인생을 이끌어 가신다."

– Arther H. McNeile 목사

"무엇보다도 신뢰가 깨지는 것이 가장 두려운 일입니다."

– 유광희 권사

"나는 사람들의 말에 휘둘리지 않아요. 하나님의 은혜입니다."

– 진순옥 집사

"진정한 믿음은 위기 때 빛나는 것입니다."

– 한상균

"뭔가 잘 된다 싶어서 우쭐대고 고개를 들었더니 얼마 안 가서 금방 침체기에 빠지더라."

– 방송인 신동엽

"인생은 마치 식혜에 떠 있는 밥알과 같아서 겸손하지 않으면 언제 가라 앉을지 모른다."

 – 방송인 지상렬

"신앙고백의 기본은 예배를 멈추지 않는 것이다."

 – Dwight L. Moody 목사

"기도는 회복의 지름길이다."

 – Charles A. Carter 목사

"감람나무는 '내가 어찌, 요동하리요' 하고 무화과나무도 '내가 어찌, 요동하리요' 하고 그리고 포도나무도 역시 '내가 어찌, 요동하리요' 했는데 가시나무(불평불만이 가득한 폭군 아비멜렉의 비유)는 도리어 불을 내어 '(아름답고 평온한) 레바논의 백향목을 사를 것이라'고 요동쳤습니다(삿 9:8-15). 진짜 하나님의 자녀는 요동치 않아요!"

 – 한상균

"사람은 99퍼센트 돈으로 무너진다. 돈에 정직해야 신앙고백이 성경적이다."

 – 분당 만나감리교회 김우영 목사

"위기관리는 자기 자신이 누구인지를 확실히 보여주는 자기 추천서이다."

 – Ernest G. Selwyn 목사

"'야곱의 생각에 내가 내 앞에 보내는 예물로 형의 감정을 푼 후에 대면하면 형이 혹시 나를 받으리라.'(창 32:20) 교활하고 간교했던 야곱이 드디어 인생이 왜 안 풀리는지 깨달았는데 그것은 자기 생각, 그 감정을 풀지 못했기 때문이었습니다."

– 한상균

"생존 세계에서 도태되지 않으려면 기업가의 혁신이 절대 필요하다."

– 오스트리아 경제학자 Joseph A. Schumpeter

"기업가가 살고 싶으면 사회구조적인 모순을 혁신하려고 하지 말고 자기 안에 있는 아주 오래된 낡은 습관을 혁신해야 한다. 남을 탓하지 말고 자기를 혁신할 때 비로소 새로운 희망이 생기는데 이것이 정신이 번쩍 나는 '냉수마찰' 효과이다.

냉수마찰! 이것을 신앙으로 비유하자면 항상 남만 탓하던 사람이 내 죄 때문이라는 사실을 깨닫고 하나님께 죄를 회개하고 거듭나는 은혜의 사건이 곧 냉수마찰 효과인 셈이다. 지금 우리는 정신을 차릴 때가 이미 지났다. 조금 더 늦으면 재앙이 온다."

– 한상균

"한 사람도 예외 없이 마지막 뒷모습이 그 사람의 전부이다."

– 한상균

"개를 사람처럼 키우면 개도 힘들고 사람도 힘들다."

– 서울시수의사회 최영민 회장

"주일예배 시간마다 헌금을 봉헌하는 연보위원을 시무권사 직분이 끝나는 70세까지 하는 줄 알았습니다. 그런데 어느 날 갑자기 유방암이 발병하여 5년 항암 치료를 받으니 기력이 쇠하여 그 가벼운 헌금 바구니를 두 손으로 들 수 없을 만큼 손이 시리고 몹시 저렸습니다. 어떤 날은 헌금 바구니를 옆구리에 끼워서 겨우 봉헌할 때도 있었습니다.

더 이상 연보위원을 할 수가 없어서 목사님의 허락을 받고 문후자 권사님께 물려드렸습니다. 문후자 권사님께서 제단에 봉헌할 때마다 저 일은 내가 해야 하는데 생각하니 부럽기도 하고 아쉽기도 했습니다. 예배생활, 기도생활 그리고 봉사생활은 내가 하고 싶다고 하는 것이 아니고 상황이 여의치 않다고 멈추는 것도 아니었습니다.

그 예배생활, 기도생활, 봉사생활이 많이 그립습니다."

- 이경자 권사

"캐나다 토론토에서 인천공항까지 13,000킬로미터, 14시간을 평안하게 왔는데 착륙하기 직전 마지막 10분 정도를 남겨놓고 난기류를 만나서 비행기가 심하게 요동쳤습니다.

그때에 '인생은 모른다가 정답이다. 항상 마지막이 중요하다'라는 한상균 목사님 말씀이 생각났습니다.

미처 생각지 못했던 믿음의 시련도 예상치 못한 변수로 오는 것인데 기도생활로 그 역경을 극복하겠습니다."

- 조미혜 권사의 2016. 8. 31.(수) 저녁예배 평신도 예배주간 말씀간증 중에서

"예배 시간에 말씀을 듣다가 자기 생각과 달라서 마음이 상한다면 자기 생각을 고쳐야 할까요, 설교 말씀을 고쳐야 할까요? 만일에 말씀을 고쳐야 한다면 말씀 듣는 그 사람의 생각이 보편적인 절대 표준이 되어야만 합니다. 사람이 곧 하나님이 되는 순간이지요.

어거스틴(Aurelius Augustine) 목사는 '진정으로 회심한 그리스도인은 첫째는 생각과 사상이 변화하고, 둘째는 생활의 변화를 경험한다.'라고 고백했습니다.

한국 최고의 부흥사이셨던 이성봉 목사는 '단 것을 좋아하면 나중에는 자기 자신도 모르게 이가 썩는 것처럼 달콤하고 귀에 듣기 좋은 말씀만 선호하

면 나중에는 자기 자신도 모르게 말씀을 떠나서 자기중심으로 생각이 변질된다.'라고 강론했습니다.

　말씀을 듣다가 심령이 상하면 하나님의 은혜가 임한 증거인데 '마음이 상했으니 도리어 설교 말씀을 고치라'고 요구한다면 설교는 점차 힘을 잃어갈 것이고 오늘날 이 시대처럼 교회는 완전히 쇠락할 것입니다.

　설교자가 복음을 전하면서 눈치를 보고 분위기를 살피고 반응을 염두에 둔다면, 귀로 듣기에 기분 좋은 설교만 골라서 한다면 그러한 설교자를 그리워하시나요? 그렇게 내 입맛에 맞는 교회를 진정으로 원하시나요?

　목사라면 두 가지 역할을 반드시 목숨 걸고 실천해야 합니다.

　첫째, 예언자적인 기능으로 '항상 죄를 회개하라'고 외치는 것이고,

　둘째, 선지자적 기능으로 '오늘날 이 시대를 보라'고 외쳐서 하나님의 뜻, 그 목적, 그 방향으로 이끌어 가야 하는 것입니다.

　'하나님께서 구하시는 제사(예배)는 상한 심령이라.'(시 51 : 17)"

– 한상균

"모든 인류사는 인간에 의한 우연사가 아니다."

– Arnold J. Toynbee

"은혜가 소멸된 어리석은 사람은 환경을 핑계 삼아서 예수 그리스도를 위해서 하던 일들을 멈춘다."

– John Stott 목사

"한 사람이 풍부하고 행복한 삶의 공간은 4평이면 충분하다. 그 이상은 타인에게 보여주기 위한 낭비일 뿐이다."

– 프랑스 현대건축가 Le Corbusier

"행복한 마음은 마치 감기나 사랑과 같아서 감추려고 해도 다른 이가 먼저 안다."

– Oswalt S. Rankin 목사

"경기 규칙이 마음에 안 든다고 변경하지 말고 사회자가 인도하는 그대로 잘 순종하셔야 합니다."

– '제19회 온 교우 체육대회' 고무줄 끊기 놀이 중 박승만 장로

"그 사람이 누구인지, 어떤 사람인지는 주어진 시간과 돈을 사용하는 것을 보면 알 수 있다."

– Stanley Tam의 《하나님이 나의 기업을 소유하시다》 중에서

"몸의 면역력이 떨어지면 질병이 기승을 부리는 것처럼 믿음이 희미해지면 영적인 문제들이 일어납니다."

– 2017년도 성결교회 구역공과 《제41과 세상과 싸워 이겨라》 p. 273에서

"습관은 제2의 천성으로 인간의 운명을 바꾸는 데 가장 좋은 습관은 기도 생활이다."

– 미국 강철왕 Andrew Carnegie

"고치기 어려운 나쁜 습관은 하나님께서 주신 아름다운 성품과 행복한 생활 모두 파괴한다."

– 프랑스 기독교사상가 Blaise Pascal

"혀가 길면 손이 짧다."
(말은 잘하는데 행동은 따르지 않는 이중적인 사람을 빗댄 격언이다.)

– 중국 고전 속담

"기도는 회복과 축복 그리고 미래를 여는 유일한 문(길)이다."

- Charles A. Cater 목사

"새벽은 하나님께서 기적을 행사하시기에 가장 좋은 은혜의 시간이다. 왜냐하면 새벽을 찾는 사람은 절박(urgency)한 심령을 가지고 있기 때문이다."

- Martin Luther

"선교 초기부터 한국 교회는 주일에 세 차례(새벽, 낮, 저녁) 예배를 했다. 주일예배를 통해서 교회와 성도는 세상에서 버틸 수 있었다.

그러나 최근 들어서 유행처럼 교회들마다 주일 저녁예배를 폐지하고 오후예배로 바꾸면서 한국 교회는 돌이킬 수 없는 침체의 길로 들어섰다."

- 총신대학교 박용규 교수

"1867년 러시아는 알래스카(Alaska)가 쓸모없는 땅(凍土)이라고 미국 윌리엄 수어드(William H. Seward) 국무부장관을 통해서 720만 달러(약 90억)에 헐값으로 처분했습니다.

그리고 30년이 지난 후 1897년 엄청난 금광이 발견되었고 또 12년이 지난 1909년에는 오늘의 미국을 건설하고도 남을 만큼 놀라울 정도의 유전이 발견되었습니다.

이에 미국은 알래스카를 미국의 49번째 주(州, state)로 공인했습니다. 러시아는 몇 차례 미국과 다시 협상했으나 아무 소용이 없었습니다.

굉장한 가치를 가지고 있어도 그 존귀를 모르면 짐승과 다를 것이 없는 것입니다(시 49:20).

진정 인격적인 사람이라면 이 세상에서 최고로 존귀하신 예수 그리스도 곧 여호와 하나님께 기도하여 그 믿음을 증명해 보셔요."

- 한상균

"긴장은 영적 감각의 시작이다."

– Geroge Buswell 목사

"사람을 의지할수록 스스로 자멸한다."

– Dwight L. Moody 목사

"하나님의 말씀에 붙잡혀 항상 순종하는 믿음을 주옵소서."

– 전경미 집사의 2017. 11. 10.(금) 새벽기도회 대표기도 중에서

"현재 한국의 중형교회 교인 수 감소 80퍼센트, 재정 감소 90퍼센트인데 이제 한국 교회의 미래는 더 이상 없다. 오직 새로운 개혁신앙만이 유일한 대안이다."

– 실천신학대학교 신학대학원 조성돈 교수

"사업 실패의 지름길은 손님에게 그 의리를 기대하는 것이다. 손님은 한 곳에 머물지 않을 뿐만 아니라 또한 변덕스럽기 때문이다. 이와 같이 인생 실패도 사람에게 그 의리를 기대하면서부터 시작된다.

한결같은 사람은 흔하지 않을 뿐만 아니라 일정한 시간이 지나면 더 이상 숨길 수 없는 그 사람의 의도가 드러나기 때문이다."

– 미국의 강철왕 Andrew Carnegie

"하나님께서 주신 은혜의 귀한 직분을 있는 그 자리에서 끝까지 잘 감당하게 하옵소서."

– 이희순 권사의 2017. 11. 12.(주일) 낮 1부 예배 대표기도 중에서

"기도는 하나님 아버지께 속한 자녀임을 자기 스스로 표현하는 증거이며 또한 기도는 하나님과의 인격적인 관계를 확인하고 재확인하는 연속적인 순

환과정이다."

— George Muller 목사

"인간은 출생과 죽음 사이에서 끝없는 고독의 문제를 스스로 해결할 수가 없어서 가장 저질스러운 속물이 되고 말았다."

— Erich Fromm

"2천만 명이 넘는 로마 제국은 자기오만에 빠져서 겨우 백만 명도 안 되는 오합지졸인 게르만족의 용병인 오도 아케르에 의해서 멸망당했다."

— Tarkitus, Rome Annals

"죄와 허물로 가득 찬, 불완전한 인간이 하나님의 은혜로 모인 교회는 이 세상에서 가장 완전한 천국이 되었다."

— 한상균

"안식일 곧 그 주일을 온전히 지키지 않는 것은 하나님과 그 말씀을 업신여기는 속마음이 생활로 드러난 것 뿐이다."

— Robert A. Cole 목사

"십일조 헌금을 깊고 세밀하게 생각해 보라. 정직한 십일조 헌금 여부로 인해서 생애가 부요해지기도 하고 쇠망하기도 하지 않는가!"

— 우인구 장로

"바벨탑은 한 인간의 성취감과 명예욕 그리고 그 인간들의 집단적인 욕구가 사회문화로 표출된 것이다."

— Claus Westermann

"가장 힘들고 어려운 불황기에 작더라도 돈을 힘껏 투자하라.
그 돈은 가장 가까운 장래에 반드시 곧 더 큰 유익으로 보답할 것이다."

— 현대 경영학의 대부 Peter Drucker

"하나님은 모든 사람에게 돈(재물)의 사용권을 주셨지만, 소유권을 허락하지는 않으셨다. 돈을 소유하려고 생각하는 순간, 그 돈은 이미 그 사람에게서 멀리 떠난다."

— 교황 Innocent Ⅲ세에 대항했던 영국의 개혁신앙자 John Wycliffe 목사

"부작용 없이 깨끗하게 떠나는 아름다운 목회 은퇴는 목사가 성직자로서 언어가 아닌 생활로 외치는 마지막 설교이다."

— 의정부 화평교회 신만교 목사

"양심이 상하면(wound conscience) 모든 관계와 업적이 일시에 파괴되는데 그 이전에 자기 자신이 먼저 무너진다."

— James Moffat 목사

"아내가 친정인 미국 뉴욕에 갔습니다. 약 2개월간 직접 시장보고 밥하고 빨래하고 청소하고 집안 살림을 해 보니 다음과 같은 신세계를 새삼스럽게 다짐하게 되었습니다.
① 주는 대로 먹는다. ② 남기지 않고 먹는다. ③ 감사하면서 먹는다."

— 한상균

"성도가 가지는 최고의 특권은 하나님께 기도하는 것이다."

— John Bunyan

"나를 두렵게 하는 것은 오직 나는 왜 존재하는가에 대한 이유를 끝까지 모르고 생애를 마치는 것이다."

– Albert Camus

"성경은 이 세상의 모든 것들을 판단하고 이해할 수 있도록 하는 유일한 표준이며 척도이다."

– James H. Charlesworth

"모든 성도는 성령에 의한 복음의 전령자(Herald)이다."

– 기독교 초대교부 Hermas

"고난은 하나님을 찾아가는 길이다."

– 미국 리디머장로교회 팀 켈러(Tim Keller) 목사

"고난의 목적은 재앙이 아니라 하나님을 찾아가게 하는 은혜의 수단이다."

– 장미 전도사

"착한 눈빛으로 다른 사람을 이해하고 배려하는 성도되게 하옵소서."

– 박경희 집사 2018. 3. 6.(화) 사순절새벽기도회 대표기도 중에서

"인간은 언젠가는 하나님과 단독자로 만난다."

– Soren A. Kierkegaard

"교회는 장차 천국에 들어갈 거듭난 성도들이 예배하고 훈련하는 그 과정에 있는 곳이다."

– Aurelius Augustine

"복음 없는 기독교와 예수 그리스도 없는 교회는 영적 지도자(spiritual leader)가 아닌 종교적인 기술자(religious technician)를 만들어 낼 것이다."

- 정신분석 의학자 Carl G. Jung

"교회의 존재와 그 기능 그리고 교회와의 관계를 보면 각 개인, 그 사회와 국가의 미래를 예견할 수 있다."

- Melvin E. Dieter 목사

"하나님께 찬송가를 부르니 하나님 곁으로 빨리 가고 싶습니다."

- 조미혜 권사의 2018. 5. 13.(주일) 저녁예배 대표기도 중에서

"예수 그리스도의 십자가는 구원과 승리의 상징이므로 어떠한 경우에도 인위적으로 변형시키거나 폐지해서는 안 된다. 고난이 없으면 영광도 없다 (No Cross, No Crown)."

- Antioch, Ignatius

"생각이 내 인격을 만들고 오늘의 나를 만들었다."

- 전 축구 국가대표선수 이영표

"눈은 마음의 창이요, 하나님과 대화하는 보이지 않는 천국의 문이다."

- Blaise Pascal

"일자리를 만드는 기업인이 진정한 애국자이다."

- 중소벤처기업부장관 홍종학

"사람은 힘들수록 다른 누구가 아닌 혼자서 이겨내야 하고 어려운 문제가 있게 되면 사람에게 의견을 구하는 것이 아니라 이제 나 자신이 아니면 그

누구도 대답해 줄 수 없다는 자신의 솔직한 목소리에 귀 기울여야 합니다.

자기 자신을 바로 세우는 것이 하나님을 올바로 믿는 것이며 홀로 서가는 그에게 하나님은 지금도 일어설 수 있도록 힘과 용기 그리고 견고한 믿음을 주십니다.

오만함이 나 자신을 망칩니다.

어려운 상황에서 부끄럽게 사람을 찾아가지 말고 하나님을 찾아야만 합니다."

— 영국 빅토리아 시대의 위대한 문학작품 《제인에어(Jane Eyre)》 중에서

"사회문화에 가장 큰 걸림돌은 소위 집단경향성(group tendency)과 음모론(plan about plot)이다."

— Richard Ellis의 《The Dark Side of the Left》 중에서

"교회는 평안만 해도 자연스럽게 부흥한다."

— Christiane A. Schwarz(Natual Church Development/N.C.D.)

"기도는 하나님과의 몸부림이다(Anfechtung)."

— Martin Luther

"순종은 핑계를 대지 않는 것이다."

— Charles Haddon Spurgeon

"담임목사님의 건강과 가정의 평안함이 교회의 평안과 다르지 않습니다."

— 김원종 안수집사의 2018. 12. 9. 브라질선교예배 대표기도 중에서

"누구나 있는 만큼 보여주고 누구나 아는 만큼 표현한다."

— 영화배우 하정우

"달을 가리키면 달은 보지 않고 손가락만 보듯이 인간은 항상 본질은 외면하고 자기가 보고 싶은 현상만 본다."

– Jacob Boehme, Aurora

"오늘의 건강과 평안은 영원하지 않습니다. 시련이 닥치기 전에 하나님을 두려워하여 기도해야 합니다."

– 김미사 집사의 사순절 40일 특별새벽기도회 대표기도 중에서

"무릇 사람은 뒷모습이 아름다워야 합니다."

– 서울대학교 사회학과 전상인 교수

"증오는 새끼를 빨리 치고 복수는 자기를 먼저 무너뜨리며 적개심은 내 안에 독을 푼다."

– 〈조선일보〉 강찬석 기자

"하나님 말씀을 이루어 가기 위해서 내 옆에 혈기를 부리는 사람이 있다."

– 김양재 목사

"너무 힘들어…… 산에서 내려올 때가 미끄러워…… 넘어질 것 같애……."

– 2019. 6. 6.(목) 원적산 전 교우 등반대회, 유년부 이서찬(8세) 어린이

"하산할 때 사상자가 속출하듯이 인생도 후반기에 실패자가 많으니 더욱 조심해야 한다."

– 엄홍길 등반가

"무엇이든지 50년만 참고 견디면 다 해결됩니다."

– 2019. 6. 6.(목) 원적산 전 교우 등반대회, 최승남 장로

"오늘 이 기업이 10년 후에도 있을 것이라는 보장을 장담할 수 없다."

– 삼성 이재용 부회장

"예수님을 믿는 일에, 천국 가는 길에 방해만 되지 않으면 아끼지 말고 다 버려도 됩니다."

– 한국도자기 회장 김동수 장로의 신앙 간증 중에서

"언제나 기교 부리지 않고 악보대로 깨끗하게 부른다."

– 가수 이미자

"목사님께서 옛날에 앓았던 폐병으로 폐가 아프셔서 말씀하시면 폐가 두 개 있으니 제가 언제든지 이식해 드리겠습니다. 말씀만 하세요."

– 윤정심 집사

"1859년 종의 기원을 통해서 찰스 다윈(1809-1882)은 하나님의 존재를 부인하고 이 세상의 모든 생명은 우연의 누적을 통해서 진화되었다는 진화론을 내놓았다."

– 〈조선일보〉 한상희 논설위원

"생선은 대가리부터 썩는다."

– 국제투명성기구(TI) 2005년 부정부패 조사, 데이비스 누스바움 대표

"지옥의 가장 뜨거운 자리는 도덕적 위기의 시기에 중립을 지킨 자들을 위해서 예약되어 있다."

— 이탈리아의 시인, 정치가, 행정가인 단테(1265–1321)의 《신곡》 중에서

"모든 대형 교통사고는 직선도로에서 일어납니다."

— 김형진 한국교통연구원장

"우한폐렴으로 예배하기가 더 힘들어진다고 해도 굴하지 않겠습니다."

— 조성현 권찰

"말 잘 듣는 개가 수명이 길다."

— 캐나다 셔부룩대학교 뱅상 카로(Careau) 교수, 미국 과학전문 온라인 뉴스사이트 〈사이언스 나우(Science Now)〉 중에서

"폐암, 유방암, 대장암, 췌장암, 전립선암, 난소암, 위암 등의 환자 737명을 조사했더니 모든 암 환자가 비타민 D가 부족했다."

— 미국 암치료센터(CTCA) 영양실장 캐럴린 램머스펠드 박사

"교회 건축은 하나님의 계시하신 뜻인 것처럼 말해서는 안 된다. 우리가 조심하지 않으면 교회 건물은 우상이 될 수도 있다. 그리고 교회 자체가 하나님의 심판을 받을 수 있다."

— 하워드 스나이더 교수

"인간의 세속화는 모든 삶 중에서 하나님을 없앤 것이다."

— 미국 컨콜디아신학대학원 로버트 콜브 교수

"성령의 표적이 아무리 많아도 일상생활의 변화가 없으면 모두 다 위선일 뿐이다."

– 부산 수영로교회 정필도 목사

"비만 치료에는 정답이 없다. 많이 먹지 않고 부지런히 움직이면 자연히 해결되는 것이다. 특히 저녁 6시 이후에 먹지 않으면 비만은 전혀 걱정할 것이 못 된다."

– 수원 유성약국 박민수

"파괴자는 자기만을 생각하고 건설자는 모든 사람을 생각한다. 파괴자는 현재만을 생각하고 건설자는 미래를 생각한다."

– 캐나다 서남단 밴쿠버 섬(Vancouver)에서 광산업을 하는 사람 Grace H. Victoria

"인간은 단 한 마리의 벌레도 만들지 못하면서 수많은 신들은 만들었다."

– 프랑스 사상가 몽테뉴의 《수상록》 중에서

"영국의 과학자 찰스 다윈(1809-1882)은 '나는 성경을 하나님의 계시라 믿지 않으며 그에 따라 예수 그리스도를 하나님의 아들이라고 믿지 않습니다.' 라고 말했다."

– 뉴욕 경매회사 본햄스 인터넷 사이트에서 공개한 친필편지, 1880. 11.
독실한 기독교신자인 변호사 프랜시스 맥더모트의 답신 중에서

"진정으로 당신이 행복하기를 원한다면 비워라, 지워라, 없애라, 줄여라, 단순하라."

– 미국 MIT 디자인 석학 존 마에다(Maeda) 교수의
《단순함의 법칙(the Law of Simplicity)》 중에서

"진정한 지도자가 되기를 꿈꾸는 청년들은 땀 흘리는 직업부터 가지도록 노력하라."

- 새로운교회 한홍 목사

"재앙은 언제 일어날까? 방울뱀은 1,000분의 1도의 온도 변화도 느낀다. 바퀴벌레는 원자 크기의 진동도 감지한다. 메기는 1킬로미터 떨어진 곳에서 1.5볼트 전류흐름도 알아낸다. 그러나 인간은 초능력도 없고 하찮은 존재가 마음만 교만하다."

- 권대열 논설위원/조선일보

"그리스 아테네 올림픽 주경기장, 지상에서 가장 빠른 사나이를 가리는 육상 남자 100미터 결선에서 26세의 프란시스 오비크웰루(포르투갈)는 결승선에 이르자 머리를 먼저 들이 밀었고(9.86초) 모리스 그린(미국)은 왼발을 힘차게 내밀었다(9.87초).

하지만 22세의 저스틴 개틀린(미국)은 가슴부터 당당하게 들어가면서 가장 먼저 결승선을 끊었다(9.85초)."

- 〈조선일보〉 김성현 기자

"초호화 여객선 타이타닉(Titanic)호는 승객 2,000명, 승무원 350명, 합하여 2,350명을 싣고 대서양을 횡단하다가 침몰했다. 1,500명은 사망했고 321명은 실종됐으며 529명만 생존했는데 그 생존자들은 찬송가 364장 '내 주를 가까이 하게 함은'을 부른 '하나님의 자녀들'이라고 한다."

- '카파시아호' 구조선의 증언

"교회에서 주일예배를 하는 한 기독교의 뿌리를 완전히 뽑을 수는 없다."

- John F. Kennedy

"소위 코로나 바이러스 19라고 불리는 우한폐렴은 하나님과의 인격적인 신앙고백에 관하여 마치 리트머스 시험지같이 각 사람의 색깔을 가감 없이 있는 그대로를 다 보여주고 있는 성경적 기능을 하고 있습니다."

– 한상균

"교회가 진정으로 부흥하기를 원한다면 헌금 재정사용은 투명하고 교회의 외형을 꾸미는 것보다 영혼의 사각지대가 없도록 성도를 돌아보며 시대 유행을 따르지 말고 오직 성경에만 집중해야 된다."

– 21세기 목회연구소장 김두현 목사

"기도는 죄를 찾는 현미경이다."

– 방지일 목사

"전국의 여러 교회를 다니면서 부흥회를 인도해 보니 교회 출입하는 교인들 가운데는 아직도 무속적 습관과 사상에 젖어 있는 사람들이 많다."

– 대한불교조계종에서 개종한 서울대현교회 서재생 목사

"오늘날 사회 여러 곳에는 리더십(Leadership)은 사라지고 헤드십(Headship)이 난무하고 있다."

– 짐 콜린스(Jim Collins)의 《좋은 기업을 넘어 위대한 기업으로(Good to Great)》 중에서

"교회는 사람이 세우는 게 아니라 여호와 하나님이 세우신다."

– 은평성결교회 이병돈 목사의 회고록 《나의 삶, 나의 목회》 중에서

"교회의 부흥은 방법에 있지 않다. 예배 회복을 통한 동력 회복에 있을 뿐이다."

– 왕성교회 길자연 목사

"최근 들어서 교회에는 분쟁이 많은데 교회 내에 문제가 생기는 것은 전적으로 전임자의 책임임을 모든 전임자는 알아야 할 것이다."

— 창훈대교회 한명수 원로목사

"선의의 방관은 악의 승리를 꽃피운다."

— 영화감독 Anton Fukua

"비난에 화를 내는 것은 그 비난을 받을 만하다고 스스로 인정하는 것이다."

— 로마 역사가 Publius Cornelius Tacitus

"우리 모두는 수없이 '하나님이냐? 돈이냐?'라는 선택을 일상생활에서 강요받고 있다."

— 기독신문 제1690호

"카메라 앞에서 할 수 없는 말이나 행동은 카메라가 없는 곳에서도 절대 하지 마세요."

— JYP 대표, 프로듀서 박진영

"존재하는 모든 것은 그 무엇이든지 파괴해야만 한다."

— Karl Marx

"자기 자신의 자존감이 낮아질 때 중독의 위험에 빠진다."

— 개그우먼 김민경

"코로나 바이러스는 인류와 영원히 함께할 것이다. 변이를 통해서 어떤 형태로든 남아있을 것이다."

— 영국 면역학계의 권위자 마크 월포트 박사

"국가는 명분과 자존심만으로는 유지될 수 없고 안보를 지킬 수 있는 힘이 있어야만 존재한다."

- 아산정책연구원 최강 부원장

"순금은 도금을 필요치 않는다."

- 공병호

"세상에 대하여는 그러거나 말거나 성도에 대하여는 그럼에도 불구하고 하나님에 대하여는 그리 아니하실지라도"

- 2020. 8. 23. 여름 수련회를 성료한 후 청년부 주관예배에서 이우기 안수집사

"하나님의 말씀을 전하는 설교는 그 사람의 인격을 통하여 전달되는 것이다."

- 성남 갈보리교회 박조준 원로목사

"하나님께 예배하고 있는 예배자를 건드리는 것은 하나님의 눈을 건드리는 것이다."

- 미국 뉴욕퀸즈장로교회 김성국 목사

"코로나 바이러스인 우한폐렴 창궐기는 교회다움과 성도다움으로 판정을 받게 하는 하나님의 알곡과 쭉정이로 분리되는 시기이다."

- 순복음도봉교회 김용준 목사

"어른들은 용서받을 수 없는 큰 죄악 두 가지를 범했다.

첫째는, WCC(세계교회협의회)를 대한민국 땅 부산에 유치해서 구원의 주이신 예수 그리스도의 유일성을 부인했고 무오한 여호와 하나님의 성경말씀을 14,700군데나 오류로 번역하여 누더기 성경을 만들어서 그 절대 권위를 파괴

하여 혼합신앙과 종교 다원주의를 이 시대에 퍼뜨린 것이다.

둘째는, 하나님의 핏값으로 세우신 거룩한 교회를 이용하여 이윤을 추구하는 상업시설로 만들고 목회자를 양성하는 신학교를 돈벌이로 추락시켜 종교시설 그 영업장으로 변질시켜서 이 시대의 모든 질서를 무너뜨린 포스트모더니즘의 중심이 된 것이다.

그래서 하나님의 은혜의 선물인 대한민국뿐만 아니라 인류 사회의 번영과 평화 그 공존을 다 파괴하여서 자라나는 다음 세대들에게 희망과 비전이 아닌 정신적인 충격과 정서적인 불안과 미래 사회에 대한 공포감을 심어준 악행을 저지른 것이다.

하나님 앞에서 무릎 꿇고 금식하면서 철저히 회개해야만 화염을 통과할 것이다.

인간의 수단과 방법은 전혀 없다."

– 한상균

제2장 믿음
On My Faith through English Version

1.

Our Lord God is very faithful and trustiness.

Because He call out to us of God for the meeting and fellowship of His Son by grace of God.

All the church is His body.

If one is a ture christian, they have to common life with faith in the church.

Our Lord God is well pleased to worship by faith in the church.

2.

Recently, almost all the people is afraid of the so-called Corona Virus 19 in China plague.

Almost all the people think that I am afraid of dying catch a disease.

Because China plague already is confirmed disease and a serious illness. But do not be in fear and trembling more than.

No fear, for the Lord God of life is with us.

"I am afraid for I shall be keep myself," by Rev. Jeremiah E. Rankin.

3.

If real christian, never falter in return to the Lord God.

It as the saint did faltering in front of the Word of God,

He is not a christian more than.

Because the saint always is not falter and at once return to the Word of God, at any time.

Today for the Word of God can be broken.

Now almost the church of God wanders over the world.

And so, the gaze of the saints wanders in the world from the Lord God.

We are wandering from the way of the Lord Jesus Christ.

4.

For we became the children of God today too.

We entrust our soul and our body and until our future to the Lord God.

Because almost all men can not be trusted with his life and a secret especially the time of this calamity.

How can shall we trust human being?

If real christian nobody excepted, all must be come to the Lord God, Surely.

Because in the day of calamity, the Lord God is our hope, our happiness and our power.

5.

Before the day of the Lord's anger comes on you!

Anyone, anywhere, all must seek the Lord God.

Because the day of the Lord will be the day of save the same time and the day of judgement.

If real christian, he will be the remnant in any case.

Because the remnant must be saved through born again by grace of God only.

Especially, if real christian China plague time.

How can scatter to the four winds?

He himself, how can leave from the church and His grace.

6.

We must always consider about the church of our God.

Because all church is His body and save a everyone's life from sins by grace of God only.

7.

Anyone nobody excepted has the defects, the defects spotted our thought and life.

For the last time, the defects spotted until our personality and faith.

Thus, everyone has a duty, the duty we are always seeking for the defects in the Word of God through attend worship in church.

8.

Church is called the tabernacle of the testmony, the tabernacle of meeting and the tabernacle of the worship.

And so, attend worship in church this matter is very important to real christian.

What is more, it is more important that as christian read and listen to the Scriptures in church.

9.

If anyone strikes the church of God, the Lord our Father God will destroy him.

For the church of God is holy and His body, what is more this house which is the church of the living God.

The Lord's Day is never forgettable the day.

Because this day is the sign between me and my Father God.

The fire of condemnation and anger is not quenched forever and ever at life a hell.

10.

The Lord our Father God brings to perfection in His church and all christians through His almighty Words.

Thus, if one is a true christian more comes to perfection as to the children of God, through faith, as his almighty Words and faith complement each other.

Let call to remember, perfect is not of works to us.

If real christian, he is not very concerned about the future from the plague in China, so called Corona Virus 19.

Because the plague in China are His providence.

11.

Let be strain.

Behold now the days are coming.

Why not a day?

Why does the days?

Why so?

Because for one thing to the resurrection of life and the other to the resurrection of condemnation.

All men, everyone one of those things.

The days are coming.

If human being, the Words of the Lord God must receive into his heart and hear with his ears. If it is reject, he will be die of famine.

For a certainly.

12.

Almost all man, they are satisfied to get an academic background, a beauty and an annual salary.

But if real christian, he must always have satisfied to get the forgiveness of sins through His blood.

The holy temple of God must be always goodness.

Because of this house which is the church of the living God.

Although the court for that in front of the temple of the Lord.

The court is always consecrated to us.

13.

The plague in China the so-called Corona Virus 19,

why came in this time?

If real christian, we must carefully consider what to do? and how to do? The plague in China all things considered is only the will of God.

As the christian, we must be duty bound to consider.

We will be take away long before the last judgement by faith and through the grace of God.

How to do?

We must more draw near to God and the Scriptures.

14.

Our the Lord God He knows the secrets of the heart in human being.

Near in our heart but far from our heart and a double-minded, madness heart until doing the will of God from the heart.

If real christian everyday, he must choose Jesus Christ just as our the Lord God. Because of Jesus Christ just as our the Lord God is only the Saver.

Never no more, must not falter about choose and must not falter in doing worship.

15.

Everybody must be find our the Lord God.

Only so, He should not perish and also He will keep from the time of trial at all times.

Our Lord God is always in His holy tabernacle.

And so, all the earth, everybody keep silence before the plague in China the so-called Corona Virus 19, because of the plague in China are in His hand.

16.

If real christian, he must fear to speak and behave in His face.

Because of our Lord God is honorable and glorious.

If all the churches and saints are the fear of our Lord God.

He will be give again riches and honor and life to us.

The children of God are in His hand and so, today too.

We are always peace of mind and with safety.

17.

In any case, we must not make a fool on our Lord God.

Because of He is only the Creator, the Almighty and the Saver.

If anyone our Lord God refuse at heart and mouth.

There is a crazy man and madness.

The adversaries of our Lord God shall be broken in pieces.

18.

All man be create by the Word of God.

Especially, if real christian, he always must be remember that as the children of God made the Word with God. And so, real christian cannot live by bread alone.

All sufficiency of all man is only from God.

The difference between man and animal only man has put eternity in their hearts.

19.

The rule and judgement of the Lord is the laws of honor keep on doing as the children of the God.

In the world almost people do not know the rule and judgement of the Lord. Because of beastly in man.

20.

Trinity at once, God the Father, God the Son, God the Holy Spirit is the Creator, the Almighty and the Saver and so our God is the only One.

The Lord of hosts today too.

He cause to be and so, our Lord has been working until now.

21.

If real christian, he belongs to the children of God.

And so, all christian clings to our Lord God.

Those who are of God will draw near to God.

Before everything, everywhere and day by day.

The spirit of truth and the spirit of error, one and only is the problem of belongingness and a sense of belonging on our Lord God.

22.

Our sins have withhold good from us and our sins not draw near to God from us.

And so, our Lord Jesus Christ even the death of the Cross for us.

Complementarily, the salvation of Christianity we will be saved from actual sin and original sin besides until the sin against the Holy Spirit on our body, soul and spirit.

Believe on the Lord Jesus Christ so much will be saved, you and your household.

23.

If real christian, he must always in response to the Word of God.

If he makes no response I think that he is certainly not the children of God.

If real christian, he can always agree with on the Word of God.

But the proselyte does not agree with on the Word of God.

Therefore the proselyte always cannot Amen, but real christian in Him just as our the Lord Jesus Christ always was Amen.

24.

Our Lord God just as Jesus Christ has came into the world for be the salvation of us. Even as, the death of the Cross and Himself of no reputation.

If real christian now, we will be glority in our Lord God.

Gentiles may observe your good works through your body and glorify your Father the Lord God.

25.

If real christian, everyday today too, he is coming to our Lord God.

Because of our Lord God, here and now call for hope and happiness the children of God.

All the communion of saints is coming not break step and step by step along by the Scriptures.

Abstain from every form of presumptuous sins.

Because of my sins have withhold good from me and my sins not draw near to God from me.

26.

All human being left the kingdom of God.

Because of sin against our Lord God.

As a result, we are sin in one's ill health and sin away one's happiness.

And so, we must be return to heavenly country in God.

27.

Today our society fells and corrupts by ugly as sin, everything, everywhere.

But if real christian, the saints make much of faith in Jesus Christ.

Why? It is for himself.

Suddenly, judicative our Lord God will judge our society as in fear and trembling.

If we will not believe, surely we shall not be established, for fall and ruin.

28.

It is now over all things. Because the days are much more evil.

The evil doing is drunken society, the pornographic cultures, the lusts of flesh, the corrupt church and seminary.

Especially, the fall away of pastor and the priesthood being changed.

Now we must be return to the Lord God's church and the Word.

If real christian, he has a quick-eared, quick-eyed, and quick-hearted.

And so, all the saints take a near view of the Lord God.

That the whom He choose.

He will cause to come near to Him.

29.

For the Lord is God.

He does not change, treacherously and pervert, forever and ever.

And so, if real christian, he keeps his faith until the end. Because the faith being much more precious than gold.

For the priesthood being changed of necessity there is also a change of the Word.

30.

The Saints can not only keep the faith of our Lord Jesus Christ, but also is keep the righteous acts and the pure life like as the children of God.

The proselyte is a son of hell.

Because the proselyte always neglects in his duty, and breaks to keep his promise.

And so, for the proselyte all the church of God became mockery by the people all around.

31.

I think that I always turning my problems about.

There is in complex relationship to human beings, money matters, and heretical rumor.

Now as in the children of God we must be turn a life-style from our problematics. Time is up. The time will come when cry and sob.

If we are turn from ugly as sin by repentance.

Our Lord God He will do a renew all things.

Today, this time.

We must be castaway from our all the sins.

And then, our Lord God He will give a new body, a new heart, and until a new spirit.

32.

As in the children of God if we make a visit to our Lord God, we will receive a visit from Him.

On the faith of all saints, I first take a near view of my Father God.

If real christian, nobody excepted, by these afflictions, misery, and trouble should not be shaken.

We must not be in love with money.

For the money was lost in our Lord Jesus Christ.

33.

False pride, pride of place, pride of the life are not pleasing to our Lord God.

It is an abomination and hates to our Lord God.

Do not offense to the church of our Lord God.

Because our Lord God, He bought with His own blood.

34.

If real christian, we must meet to our Lord God. Because He has save us from transgression and sin.

And so. For we shall never forget our Lord God.

We go to church everyday.

If real christian, we must returned to our Lord God.

Can't we returned more quickly?

Now. We have no time.

35.

Secretly hoped that I was no one else but JESUS CHRIST.

Sometimes.

It is upsetting.

So keep it down.

Without day.

For the Words of God is living and the powerful.

So I then do it. forever.

If I do that or did.

There is no lifeline and trustiness.

I have been that as son pray and the Words.

Must be love to the end.

It is the Scriptures and then I can not be broken it.

The secret of Christianity through His grace is at once happiness and honor. And then it was SACRIFICIAL WORSHIP on the Lord's day.

If anyone do not worship.

NO DIVINE AUTHORITY!

All christians ought to pray and worship in the Words.

What it was thinks?

More than above all, it is very important worship on the Lord's day.

Unless anyone is not faith.

In shorts, then can do not worship.

Isn't it difficult?

How much very EASY!

36.

The prayer asks the way of Him.

The Lord will not avail without prayer.

In shorts, for the prayer be equal to the Word.

37.

Our Lord God sees the truth and all things.

But only waits.

PART 4

진정한 웰빙을
위하여

제1장

건강 상식 모음

암(cancer)에 잘 걸리는 사람

1. 심리적 좌절감 등으로 인한 스트레스가 심한 사람
2. 생활습관이 무절제한 사람
3. 감정처리가 서툴러서 표현하지 않고 속으로 삭이는 사람
4. 매사 완벽주의를 추구하는 사람
5. 가족과의 인연이 옅은 사람
6. 내성적인 기질의 혈액형 A형, AB형
7. 병적일 만큼 결벽증이 있는 스타일

– 인천광역시 여성가족재단(2018)

암(cancer)에 잘 걸리는 성격

1. 언제나 논리적이고 타당성이 있는 것을 하려고 한다.
2. 사람들의 행동을 언제나 이해하려고 하며 감정적으로는 반응하지 않는다.
3. 모든 대인관계 갈등을 이성으로 극복하고 감정반응을 자제하려고 노력한다.
4. 다른 사람이 감정을 많이 상하게 하더라도 이성적으로 그를 대하고 그 행동을 그대로 이해하려고 노력한다.
5. 대부분의 대인관계 갈등을 논리와 이성적 방법을 써서 피하려 한다.
6. 어떤 사람이 당신의 욕구, 욕망을 좌절시켜도 그를 이해하려고 노력한다.
7. 모든 생활 상황에서 이성적으로 행동하고 감정적으로 행동하지 않는다.
8. 손해를 보거나 하기 싫은 것에도 이성적인 태도를 보이며 감정적으로 행동하지 않는다.
9. 다른 사람을 좋아하지 않을지라도 싫다는 표현을 못하고 어쩔 수 없이 그를 이해하려고 노력한다.
10. 상대방을 공격할 충분한 이유가 있었음에도 이성이 그를 공격하지 않게 한다.

(위의 10문항 중 3문항 이상 해당되면 자신의 감정을 다양하게 표현하는 기법을 빨리 배워야 한다.)

— 독일 학자 그로사스(Grossarth), 마티섹(Matticek)의 〈정신신체 의학 연구(1985)〉에서

우울증 자가 진단법

1. 사소한 일도 신경 쓰이고 걱정이 많아진다.
2. 쉽게 피곤해진다.
3. 의욕이 떨어지고, 만사가 귀찮다.
4. 세상일이 재미없다.
5. 매사를 비관적으로 생각하게 되고 절망스럽다.
6. 스스로의 처지가 초라하게 느껴지거나, 불필요한 죄의식에 사로잡힌다.
7. 잠을 설치고 자주 깨 숙면을 이루지 못한다.
8. 입맛이 바뀌고, 한 달 사이에 5킬로그램 이상 체중이 변한다.
9. 답답하고 불안해지고 쉽게 짜증이 난다.
10. 집중력이 떨어지고 건망증이 잦으며 의사결정이 힘들어진다.
11. 자꾸 죽고 싶은 생각이 든다.
12. 두통, 소화기 장애, 만성 통증 등 약을 먹어도 잘 낫지 않는 증상이 계속된다.

– 삼성서울병원

구기자 열매

"수많은 한약 재료 중에서 가장 유용한 백 가지를 엄선하여 뼈 강화, 근력 강화, 뇌 기능, 위장 기능, 치매 예방에 좋은 한약 재료를 실험했더니 1위가 구기자였다. 가루 추출은 3그램 정도를 음용하며, 구기자 열매는 최소 2시간을 끓여야 그 약효가 발휘된다."

– 경희대학교 한의과대학 박경호 한의학 박사

우한폐렴에 대한 의학적인 이해

Covid 19 사태로 전 세계가 난리통인데 코로나를 비롯한 바이러스에 대하여 미국 존스 홉킨스대학교 감염학과 조교수의 설명을 전하는 글입니다.

The following is from Irene Ken physician, whose daughter is an Asst. Prof. in infectious diseases at Johns Hopkins University, quite informative.

* The virus is not a living organism, but a protein molecule(DNA) covered by a protective layer of lipid (fat), which, when absorbed by the cells of the ocular, nasal or buccal mucosa, changes their genetic code(mutation) and convert them into aggressor and multiplier cells.

바이러스는 생물이 아니고 지방껍질로 싸여 있는 단백질 분자이고, 눈, 코, 입안 점막의 세포 등에 흡착되면 유전정보가 바뀌게(변형) 되고, 공격인자와 증폭세포로 전환됩니다.

* Since the virus is not a living organism but a protein molecule, it is not killed, but decays on its own. The disintegration time depends on the temperature, humidity and type of material where it lies.

바이러스는 생물이 아니고 단백질 분자이기 때문에 죽는 게 아니고 스스로 부패됩니다.
분해 시간은 온도, 습도 그리고 붙은 표면에 따라 다릅니다.

* The virus is very fragile; the only thing that protects it is a thin outer layer of fat. That is why any soap or detergent is the best remedy, because the foam CUTS the FAT (that is why you have to rub so much: for 20 seconds or more, to make a lot of foam).

바이러스는 외부 단백질막이 유일한 방어막이기 때문에 아주 약합니다. 바로 비누나 세탁제가 가장 좋은 해결책이 되는 이유인 것이, 비누 거품이 지방을 분해하기 때문입니다. (이것이 손을 20초 이상 잘 씻어 충분한 거품을 내야 하는 이유입니다.)

By dissolving the fat layer, the protein molecule disperses and breaks down on its own.

지방막을 녹임으로써 단백질 분자를 녹이고 스스로 분해되게 합니다.

* HEAT melts fat; this is why it is so good to use water above 77 degrees Fahrenheit for washing hands, clothes and everything. In addition, hot water makes more foam and that makes it even more useful.

열은 지방을 녹입니다.
때문에 손, 옷 등 무엇이든 씻을 때는 25도 이상 따뜻한 물을 쓰도록 합니다. 그래야 거품이 잘 나서 더 이롭습니다.

* Alcohol or any mixture with alcohol over 65% DISSOLVES ANY FAT, especially the external lipid layer of the virus.

알코올이나 65퍼센트 이상 알코올 혼합용액이 모든 지방을 녹입니다. 특히 바이러스의 외지질막을 잘 녹입니다.

* Any mix with 1 part bleach and 5 parts water directly dissolves the protein, breaks it down from the inside.

표백제 1당 물 5를 희석한 용액이 단백질을 직접 녹이고 속에서부터 분해시킵니다.

* Oxygenated water helps long after soap, alcohol and chlorine, because peroxide dissolves the virus protein, but you have to use it pure and it hurts your skin.

바이러스 단백질은 비누, 알코올, 클로린 소독 후 산소화 용액으로 지속적 효과가 있는데, 순수 형태여야 하며 피부를 상하게 할 수 있습니다.

* NO BACTERICIDE OR ANTIBIOTIC SERVES. The virus is not a living organism like bacteria; antibodies cannot kill what is not alive.

항박테리아나 항생제는 소용이 없습니다.
바이러스는 박테리아와 같이 생물이 아니며, 항생제로는 생물이 아닌 것을 죽일 수 없습니다.

* NEVER shake used or unused clothing, sheets or cloth. While it is glued to a porous surface, it is very inert and disintegrates only
  - between 3 hours (fabric and porous)

- 4 hours (copper and wood)
- 24 hours (cardboard)
- 42 hours (metal) and
- 72 hours (plastic).

사용했거나 입지 않은 옷, 시트, 옷감을 절대 털지 마세요. 구멍 있는 곳에 자리 잡으면 털어지지 않고, 시간이 지나야 분해됩니다.
- 옷감, 구멍 3시간
- 구리, 목재 4시간
- 카드보드박스 24시간
- 금속 42시간
- 플라스틱 72시간

But if you shake it or use a feather duster, the virus molecules float in the air for up to 3 hours, and can lodge in your nose.

그렇지 않고 털거나 먼지떨이로 털면 바이러스 분자가 최고 3시간 동안 공기 중에 떠다니다 콧속으로 들어가 자리 잡을 수 있습니다.

* The virus molecules remain very stable in external cold, or artificial as air conditioners in houses and cars.

바이러스 분자는 바깥 추위나 집, 차 안의 에어컨에서 아주 안정적입니다.

They also need moisture to stay stable, and especially darkness. Therefore, dehumidified, dry, warm and bright environments will degrade it faster.

또 놈들은 안정화되려면 특히 어두운 곳에서 습기가 필요합니다. 따라서 습기가 제거된, 건조하고 따뜻하고 밝은 환경에서 더 빨리 분해됩니다.

* UV LIGHT on any object that may contain it breaks down the virus protein. For example, to disinfect and reuse a mask is perfect. Be careful, it also breaks down collagen (which is protein) in the skin.

자외선이나 자외선이 포함된 모든 것이 바이러스 단백질을 분해합니다. 예를 들어, 자외선으로 마스크를 소독해서 다시 쓸 수 있습니다. 하지만 피부도 콜라겐 단백질로 되어 있으니 조심해야 합니다.

* The virus CANNOT go through healthy skin.

바이러스는 건강한 피부를 통과할 수 없습니다.

* Vinegar is NOT useful because it does not break down the protective layer of fat.

식초 용액은 지방 보호막을 분해하지 못하니 소용이 없습니다.

* NO SPIRITS, NOR VODKA, serve. The strongest vodka is 40% alcohol, and you need 65%.

술, 보드카도 소용없습니다. 아무리 센 보드카도 40퍼센트 정도입니다. 65퍼센트가 필요합니다.

* LISTERINE IF IT SERVES! It is 65% alcohol.

구강 가글 리스테린은 65퍼센트 알코올이라 효과가 있습니다.

* The more confined the space, the more concentration of the virus there can be. The more open or naturally ventilated, the less.

밀폐된 공간일수록 바이러스 농도가 높을 수 있습니다. 열린 공간이나 야외일수록 농도가 낮습니다.

* You have to wash your hands before and after touching mucosa, food, locks, knobs, switches, remote control, cell phone, watches, computers, desks, TV, etc. And when using the bathroom.

점막, 음식, 자물쇠, 문고리, 스위치, 리모컨, 핸드폰, 시계, 컴퓨터, 책상, TV 등을 만진 전후에 꼭 손을 씻어야 합니다. 그리고 화장실을 사용했을 때도.

* You have to Moisturize dry hands from so much washing them, because the molecules can hide in the micro cracks. The thicker the moisturizer, the better.

손을 자주 씻기 때문에 꼭 보습제를 쓰는데, 안 그러면 피부가 미세하게 갈라진 곳에 바이러스가 숨을 수 있습니다. 두텁게 보습제를 바를수록 더 좋습니다.

* Also keep your NAILS SHORT so that the virus does not hide there.

그리고 손톱도 짧게 해서 바이러스가 숨지 못하게 해야 합니다.

– 출처 : 존스홉킨스 대학병원

우한폐렴 팩트 체크

1.

Q: 한 번 걸렸다 나았는데 또 걸릴 수가 있나?

A: 있다. 유전자형이 다른 바이러스라면 더욱 그렇다.

2.

Q: 몸에 남아있는 바이러스 재발이 아닌가?

A: 유전자형이 다르니 재발로 볼 수 없다.

3.

Q: 무증상이나 경미하게 앓은 완치자는 항체 생성이 적은가?

A: 그럴 가능성이 높지만, 모두 다 그런 것은 아니다.

4.

Q: 재감염은 약하게 앓게 되는가?

A: 이전 감염으로 항체가 남아 있거나 면역 기억(감염 바이러스를 기억했다가 반격하는 면역 기능)이 작동하면 그럴 수 있다.

5.

Q: 항체 지속 기간은 어느 정도인가?

A: 사람마다 다르다.
평균적으로 완치된 후 한 달이 지나면서부터 항체 농도가 낮아진다.

6.

Q: 그렇다면 백신을 3, 4개월마다 맞아야만 하는가?

A: 아직은 알 수 없다.

  완성된 백신의 항체 지속 기간을 봐야만 한다.

7.

Q: 변종 바이러스별로 각각 백신을 맞아야만 하는가?

A: 백신이 변종 바이러스 간 교차면역(공통적용)이 있다면 그럴 필요가 없다.

  현재까지는 교차면역이 있는 것으로 보고 있다.

  – 출처 : 세계보건기구(WHO), 질병관리본부, 고려대 의대 감염내과 김우주 교수

전염병과 관련된 성경말씀

1. 출애굽기 7–13장
   - 주제/이집트에 내린 열 가지 재앙
   - 내용/이스라엘 민족 압제에 대한 악행 때문에 시행
2. 민수기 25장
   - 주제/바알브올 사건
   - 내용/이스라엘의 우상숭배와 음행 때문에 시행
3. 사무엘하 24장
   - 주제/다윗 왕의 인구조사
   - 내용/다윗 왕의 오만함 때문에 시행
4. 열왕기상 8장
   - 주제/솔로몬 왕의 성전봉헌
   - 내용/재앙, 재난에 대한 하나님의 뜻을 올바로 깨닫지 못할 때 시행,
     개인이나 교회공동체의 기도의 중요성 강조
5. 열왕기하 19장
   - 주제/앗시리아 산헤립 군대의 예루살렘 포위
   - 내용/타민족에 대한 학살과 만행 때문에 시행
6. 하박국 3장
   - 주제/하박국 선지자의 기도
   - 내용/전염병을 의인화(하나님의 사자)하여 열방을 심판하실 때 시행
7. 요한계시록 16장
   - 주제/마지막 인류종말 때에 나타나는 예언된 재앙
   - 내용/인간 세상의 음란, 부패, 타락 때문에 시행

− 〈국민일보〉 김아영 기자

몸이 어딘가 아픈가요?

그것은 탈수 때문입니다. 물을 마셔 보세요. 그러면 통증이 곧 사라질 것입니다.

1. 아침에 일어나서 300밀리리터-장기를 깨움
2. 오전 9시 일하기 직전에-진정효과
3. 오전 11시 적당한 물-긴장완화
4. 오후 1시 점심 식사 후 30분 지나서-소화촉진
5. 오후 3시 적당한 물-피로해소
6. 오후 6시 퇴근 전에-포만감 생겨서 식사량 조절
7. 저녁 7시 30분 저녁 식사 후 30분-소화촉진
8. 잠들기 전에 300밀리리터
9. 잠자다가 깼을 때 소변을 보았다면 100밀리리터

— 영국 의사 뱃맨 겔리지 박사

치매 발생률이 큰길 가까이 살면 더 높다

　큰길에서 50미터 이내에 사는 경우, 큰길에서 300미터 이상 떨어져 사는 사람에 비해서 치매 발생위험도가 7퍼센트 더 높았다.

　큰길 가까이에 살면 대기오염과 소음공해에 시달릴 가능성이 높고 그것이 뇌에 영향을 미치고 인지기능의 저하를 유발해서 지속되는 과정 속에서 치매 발생률이 더 높아진다.

– 서울대학교 의과대학 이은봉 내과교수

제2장
죽음에 관한 단상

죽음으로부터 승리를!

1. 사람은 그 누구나 다 행복을 갈망하면서 오늘을 각자 열심히 살아갑니
   다. 그런데 행복을 느끼고 감사하는 인생은 그렇게 흔하지 않습니다. 왜
   일까요?

2. 그 이유는 다윗이 말한 것처럼(롬 4:6-8) 불법, 그 죄를 하나님으로부터 용
   서받고 그 죄로부터 자유하지 못하기 때문입니다. 천국의 마음인 평안이
   심령에 없는데 행복은 당연히 없지요.

3. 결국은 죄 때문에 행복이 없는데 죄라 함은 예수 그리스도께서 나의 죄를
   용서해 주시는 구원의 하나님으로 믿지 못하는 것이며(요 16:9), 예수님을
   믿는다고 말은 하면서도 일상적인 생활을 그 믿음으로 살지 않는 모든 것
   입니다(롬 14:23).

4. 한 번 죽는 것은 사람에게 정하신 것이요(It is appointed for men to die once).
   히브리서 9장 27절 말씀과 같이 죽음은 아무도 피할 수 없고 면제를 받을

수도 없는 누구에게든지 절대 가치가 있는 가장 엄숙한 생애 전환기입니다.

5. 그런데 그 복된 죽음을 기꺼이 맞이하려고 준비하는 성경적인 사람은 과연 얼마나 존재할까요? 토마스 딕(Thomas Dick), 아이작 테일러(Isaac Taylor)와 같이 죽음을 태양의 찬란함과 아름다움으로 묘사하고 죽음 이후의 미래 상태를 유추해 사람들로 하여금 자유로운 시야를 제시하지만, 죽음을 경험하지 못한 그 설명은 한낱 사변적이며 소경의 길일 뿐입니다.

6. 죽음에 대한 공포. 그것이 가장 끔찍하고 생각만 하면 두려운(히 2:15) 것은 사람의 본능 그 자체이기 때문입니다. 그래서 사람들은 마치 죽음과는 상관없는 것처럼 잊고 오늘을 살다가 어느 날 갑자기 가장 비참하게 죽음의 문앞에 이르게 됩니다. 죽음의 문을 보는 순간 후회하지만, 죽음을 맞이할 만한 준비가 없었기 때문에 그동안 살아왔던 그 모든 날들이 허무하게 끝나는 것입니다.

행복한 죽음을 위해서 오늘도 값있게 사세요.

– 한상균

행복한 죽음 준비

1. 질병과 예기치 않은 각종 사건은 삶의 질을 한순간에 황폐케 하지만, 지난 생애를 회고하게 하고 죽음을 준비하게 하는 은혜의 기회이기도 합니다.

2. 사는 날이 얼마 남지 않았음을 알고 생애의 끝이 보일수록 어떤 사람은 더 잔학하고 방탕해지기도 하지만, 어떤 사람은 도리어 아름다운 임종의 모습을 준비하면서 더욱 더 하나님께 은혜를 간구하기도 합니다.

3. 한 번 죽으면 다시는 돌아올 수 없으므로 함께 살아왔던 사랑하는 사람들에게 인자함과 덕을 베풀고 죽음을 맞이하려는 은혜의 마음을 가져야 합니다.

4. 비참하고 불쌍한 영혼 또는 영웅적인 영광의 죽음이 아니라 날마다 보고 싶고 그리워했던, 사랑하는 하나님 앞에 서고 싶은 은혜의 모습으로 평안 가운데 임종합니다.

5. 사랑하는 가족과 신앙의 성도님들, 그 교회 앞에 말씀으로 살아 온 생애였음을 복된 죽음으로 증거하면서 은혜롭게 모든 삶을 마치며 천국에 입성합니다.

6. 하나님 아버지! 오늘도 지금 이 시간에도 하나님의 나라 그 천국이 눈에 사무칩니다.

— 2017. 12. 31. 한상균

천국을 사모합니다

　하나님 나라, 오늘도 사모하는 그리운 본향. 그 천국에 얼른 가고 싶어요. 하나님, 그 예수님 눈과 마주칠 때에 얼마나 기쁠까요. 품안에 안기면 그 순간, 모든 슬픔과 눈물의 사연이 단번에 위로받을 유일한 곳, 천국! 아버지 하나님, 오늘 지금 이 시간에도 천국에 갈 준비가 되어 있어요. 한량없이 부족하고 초라하지만, 하나님 아버지 제 이름을 얼른 불러 주세요. 맑고 빛나고 아름다운 나라 천국 나의 본향이 날마다 더욱 그립습니다.

– 한상균

PART **5**

부록

WCC (세계교회협의회) 결의사항

제1차 WCC 총회 1948년 암스테르담(Amsterdam, Netherlands)

WCC가 그들의 강령에서 언급했듯이 그들의 목표는 "눈으로 확인할 수 있게끔 한 믿음과 한 성찬으로 교제하는 통일된 교회"를 만드는 것이다.

세계교회협의회는 세계적으로 통일된 교회를 건설할 목표로 1948년 네덜란드 암스테르담에서 44개국, 147교회의 대표자들 351명이 모이면서 창설되어 제1차 총회를 개최했다.

제1차 총회에서는 "인간의 무질서와 하나님의 계획"(Man's Disorder and God's Design)이라는 주제로 진행되어 제2차 세계대전의 후유증을 앓고 있는 무질서한 인간 세계를 향한 하나님의 계획을 추구하면서 '국제난민국제기구'를 발족했다.

제2차 WCC 총회 1954년 미국 일리노이주 에반스톤(Evanston, IL, USA)

제2차 총회의 주제는 "예수 그리스도, 세상의 희망"(Christ the Hope of the World)이란 주제로 열렸으며 161개 교단이 가입했고 해당 교파와 교단에서 502명이 참석했다.

이 총회에서는 "세상의 모든 악을 퇴치시키기 위한 사회주의 건설이 WCC의 지상목표"라고 신앙을 고백함으로써 스탈린의 평화 공존 결의안을 지지했고, 대한민국은 이때 가입 신청을 냈다.

따라서 한국 교회의 보수와 진보가 갈라지기 시작한 분기점이 되었다.

이때 기장, 기감, 예장(통합)은 KNCC(National Council of Church in Korea)의 이름으로 WCC에 가입했다.

제3차 WCC 총회 1961년 뉴델리(New Delhi, India)

영혼 구원이 아닌 정치적 해방, 경제 착취에서 해방, 사회구조적 악에서 해방이 구원이라 주장, 게릴라 지원.

제3차 총회에서 매우 위험스러운 변화의 조짐이 나타나기 시작했다.

제3차 총회의 주제는 "예수 그리스도는 세상의 빛"(Jesus Christ-the Light of the World)이라고 하여 그리스도가 주제의 중심이었는데 신학자 조셉 시틀러(Joseph Sittler)가 총회에서 연설한 이후 예수 그리스도에 대한 WCC의 신앙에 그릇된 변화가 일어나기 시작했다.

시틀러의 주장에 의하면 그리스도의 구속의 교리는 우주의 교리와 분리해서 생각할 수 없다는 것이다. 그래서 인간의 구속뿐만 아니라 온 우주 만물의 구속도 동반되어야 한다.

그 이유는 우주 자체가 하나님의 활동 무대이고 우주와 모든 자연은 서로 떨어질 수 없는 상호 보살피는 관계에 있기 때문이다.

이때 나온 것이 "우주적 그리스도"(Cosmic Christ)란 개념이다.

그 개념에 의하면 "우주적 그리스도"는 다른 모든 종교에서도 보편적으로 감지될 수 있는 창조의 중보자이다.

그러므로 사람들이 자유를 추구할 때 그리스도는 그들의 이데올로기에 관계없이 그들에게 임하신다는 것이다(David Wells).

그러므로 "우주적 그리스도"(Cosmic Christ)는 불교, 힌두교, 이슬람교에도 임재하시는데, 다만 그들이 잘못 알고 힌두교에서는 그리스도 대신에 크리슈나(Krishna)를 구세주로 믿으며, 불교에서는 부처(Buddha), 이슬람교에서는 마디(Imam Mahdi)를 구주로 믿는 것이다.

또한 가톨릭 신학자 칼 라너(Karl Rahner)는 이 "우주적 그리스도"(Cosmic Christ) 개념으로 불교 신자, 힌두교 신자, 이슬람교 신자 모두가 "익명의 크리스천"(anonymous Christian)이라고 주장했다.

이로써 타 종교인들이 예수 그리스도를 믿어 기독교인이 되는 일이 없이도 상호간의 일치와 연합을 시도하는 거짓된 신학이 태동하고 말았다.

제3차 총회에서부터 WCC는 "다른 종교 안에도 그리스도가 관념적으로 내재되어 있다."라고 주장하기 시작했다.

"그리스도를 통한 화해는 모든 창조물과 전 인류를 포용한다."(The reconciliation wrought through Christ embraces all creation and the whole of mankind.) (Yri, Quest, p.169)라는 WCC의 《Witness Section》에 수록된 내용이 이 무서운 사실을 증거하고 있다.

1960년대 초 칼 라너로부터 시작된 가톨릭의 타 종교에 대한 비성경적인 신학과 사상은 계속 유지되고 발전하다가 2005년 11월 교황 베네딕트 16세가 "불신자도 역시 구원받는다."라는 그릇된 가르침을 바티칸 뉴스로 발표하기에 이르렀다.

이로서 WCC의 종교통합운동은 더욱 탄력을 받게 되었다.

"NONBELIEVERS TOO CAN BE SAVED, SAYS POPE" (VATICAN CITY, NOV. 30, 2005, Zenit.org-Whoever seeks peace and the good of the community with a pure conscience and keeps alive the desire for the transcendent, will be saved even if he lacks biblical faith, says Benedict XVI). (누구든지 순전한 양심으로 공동체의 평화와 선을 추구하며, 초월적인 것을 위하여 그 소원을 활기 있게 유지하면, 성경적 신앙이 부족하더라도 구원받을 것이다.-교황 베네딕트 16세 발언)

WCC는 종교통합을 위해서 만인 구원설을 주장했고 로마 가톨릭 역시 WCC와 보조를 맞추기 위해 만인 구원설에 힘을 실어주었다. 이 두 조직은 같은 뜻을 가지고 협력 관계를 유지하며 서로 가까이하고 있다.

제4차 WCC 총회 1968년 읍살라(Up-psala, Sweden)

WCC는 1968년 제4차 총회에서 "보라, 내가 모든 것을 새롭게 하노라." (Behold, I make all things new.)라는 주제로 모였다.

모임의 목적은 "세상의 모든 종교의 어둠 속에서 주무시는 그리스도를 깨우기 위하여"(to awaken Christ who sleeps in the night of all religions of the world)라고 발표했다(Spence).

WCC는 제4차 총회에서 "현존하는 다른 믿음의 사람들과의 대화 프로그램"(Program of Dialogue with People of other Living Faiths)을 개설하기로 결정했다.

타 종교들과의 대화운동을 본격적으로 시작한 것이다.

그리고 1970년부터는 "크리스천"(Christian)이란 용어를 "신자"(believers)라는 말로 바꾸기로 했고, 다른 종교를 믿는 사람들을 가리켜서 "동료 신자들"(fellow believers)이라고 부르기로 했다.

이러한 용어 변화는 WCC가 다른 종교를 향하여 "우리 모두가 함께 같은 하나님을 섬긴다."라는 그릇된 사상이 유입되었음을 시사하는 것이다.

그리고 1971년부터 모든 종교를 포용하는 "현존하는 (다른) 신앙과 이념을 가진 사람들과의 대화"(DFI : Dialogue with People of Living Faiths and Ideologies) 프로그램을 본격적으로 가동했고, 1973년 방콕에서 모인 여러 종교 간의 대화의 장에서는 세계불교협회 회장이 중심인물이 되었다.

제5차 WCC 총회 1975년 나이로비(Nairobi, Kenya)

사회주의는 지상에 하나님 왕국을 실현하는 첩경, 각기 다른 성생활 선택을 지지하는 결의.

1971년부터 시작한 타 종교와의 대화 프로그램인 DFI의 열매가 1975년 제5차 총회에 본격적으로 나타났다.

WCC 총회에 이슬람교, 로마 가톨릭, 불교, 힌두교, 유대교, 무신론자 등 각종 이방 종교의 대표자들이 대거 참석하여 대성황을 이루었다.

제6차 WCC 총회 1983년 밴쿠버(Vancouver, Canada)

제6차 WCC 총회에서는 개회식 때 캐나다 원주민(Red Indian : 북아메리카 인디언)의 종교행사도 곁들였다.

WCC는 인디언의 종교를 존중한다는 의미에서 그들의 우상인 토템 기둥(totem pole)을 총회 장소에 세웠고, 개회식 때 그들의 종교 주문을 암송하며 북과 노래와 춤에 맞추어 그들의 정결 의식도 행하게 했다.

그리고 WCC 총회 역사상 최초로 무신론자(theological atheist)를 초청하여 총회에서 메시지를 전하게 했다.

WCC의 "종교 간 대화 프로그램"(Interfaith Dialogue Program)의 의장인 뮬더(Drik Mulder)는 캐나다 원주민에 관한 기자와의 인터뷰에서 "그들이 복음화되지 않았다고 해서 영원히 버림받았다고는 생각하지 않습니다."라고 했다.

이에 기자는 "그렇다면 불교 신자나 힌두교 신자들이 그리스도를 믿지 않았어도 구원을 받을 수 있다는 말인가요?"라고 물었을 때 뮬더는 "그럼요, 그렇고 말구요!"(Sure, sure!)라고 확신했다.

이에 WCC 지도자들 역시 모든 종교에 구원이 있다는 사실을 믿는다고 선언했다.

제7차 WCC 총회 1991년 캔버라(Canberra, Australia)

호주 캔버라에서 모인 제7차 WCC 총회는 그 주제가 "오소서, 성령이여! 모든 창조를 새롭게 하소서!"(Come, Holy Spirit-Renew the Whole Creation!)였는데 이방 종교를 본격적으로 포용하고 연대하는 모습을 드러냈다.

4천여 명의 참가자 가운데에는 점술가, 심령술사, 마술사, 무당 등의 세계 15개 종교 대표자들도 포함되어 있었다.

개회식에서는 호주 원주민의 전통 종교의식이 진행되었다.

호주 원주민 마법사들(Witchdoctors)이 젖은 고무나무 잎을 태우면서 짙은 검은 연기를 하늘에 올리고 참가자들은 조상들의 영들로부터 축복받기 위하여 그 연기 사이로 걸으라고 요청받기도 했다.

이때 한국의 여성 신학자 정현경 교수(teaches at Union Theological Seminary in New York)는 주제 강연에서 흰 치마 저고리를 입고 창호지에 쓴 초혼문을 가지고 나와서 낭독하며 죽은 영혼들을 불러내고 "오소서, 우리들의 신앙의 조상 아브라함과 사라에 의하여 이용당하고 버림받은 이집트 여인 하갈의 영이여……. 다윗 왕에 의하여 죽임을 당한 우리야의 영이여 오소서……. 나치에 죽임당한 영이여, 2차 대전 중 창녀로 끌려간 한국 여인의 영이여, 십자가의 고통으로 죽은 우리의 형제 예수의 영이여 오소서……."라고 읽은 다음 그 종이를 불에 태워 공중에 날렸다.

제8차 WCC 총회 1988년 하라레(Harare, Zimbabwe)

동성애, 일부다처제 허용 결의.

짐바브웨 하라레에서 열린 제8차 WCC 총회는 그 주제가 "하나님을 바라라. 소망 가운데 기뻐하라."(Turn to God. Rejoice in Hope.)였다.

이 총회의 특징은 WCC가 창설된 지 반 세기가 지난 후에 아프리카와 결속을 다짐하는 것이었다.

특히 이 총회에서는 처음부터 WCC와 함께하던 동방 정교회의 여러 질문에 대해 구체적으로 응답하고 포용할 수 있도록 특별 담당 부서(Special Commission)를 창설했다.

이는 WCC의 회원 교회의 지경이 크게 넓혀진 것을 의미한다.

제8차 WCC 총회에 참석한 한국의 정현경 교수는 예수님이 말씀하신 요한복음 14장 6절의 내용으로 그리스도가 천국에 이르는 유일한 길이냐는 질문을 하고 대답하기를 "예수님이 실수한 것입니다."(Jesus was mistaken.)라고 말했다(Ralph G. Colas).

이것 하나만 보더라도 오늘날 WCC의 종교 간의 연합운동 실체가 무엇인지를 확실하게 알 수 있다.

제9차 WCC 총회 2006년 포르토 알레그레(Porto Alegre, Brazil)

동성애자도 성직을 지지.

제9차 WCC 총회의 주제는 "당신의 은혜를 통해 세상을 변화시키는 하나님"이었고, WCC 역사상 가장 많은 기관과 단체들이 모인 총회였다.

전 세계적으로 4천여 개의 단체와 348개의 회원 교파가 참여했다.

제9차 총회에서는 "하나의 교회로 부르심"에 동의하고 무엇보다 우선으로 통합된 세계교회 및 세례와 기도를 강조했다.

특히 WCC의 모든 결정은 다수에 의하기로 결정하고 이 결정에 따라 WCC의 회원 자격이 대폭 수정되었다. 특히 30세 이하의 젊은 층들을 대거 영입하기로 했다.

– 출처 : 《크리스천 다이제스트(www.icdm.co.kr)》

제10차 WCC 한국 부산총회(2013년 10월 30일)
– 기존 입장을 재확인하며 종교 다원주의를 더욱 심화

논란이 많았던 WCC 제10차 총회가 끝났다.

본래 이 총회는 다마스쿠스에서 개최될 예정이었으나 시리아 국내의 정치 사정으로 말미암아 갑자기 부산으로 이첩되었다.

그만큼 급조된 성격이 없지 않았으며 별 이슈도 없이, 그동안 준비했던 몇몇 문건들만 확인하고 소란한 극을 마쳤다.

줄곧 관심의 대상이 된 것은 동성연애를 인정하는 입장을 공식적인 문건으로 채택하느냐 마느냐 하는 정도의 문제였다.

우리는 WCC의 대다수 회원이 이에 대한 찬성의 의견을 표명하고 있음을 보았다.

이미 예견되었던 바와 같이 WCC를 유치한 한국준비위원회 측의 내분도 시종 만만치 않았다. 한국준비위원회 측은 머리는 진보적인 사상을 담고 손발은 보수주의를 흉내 내는 데 급급했다.

이번 부산총회는 생명과 평화와 일치를 내세우고 남북한의 화해를 도모한다고 줄곧 선전했지만, 북한의 정치적인 독립성을 존중한다는 일종의 이념적인 입장만 천명했을 뿐, 북한의 인권에 대해서는 일언반구도 없었다.

WCC가 서 있는 자리를 여실히 보여주는 대목이었다.

WCC 부산총회는 처음부터 대안(代案) 총회적인 성격이 강했으며 이를 주최한 측은 본질에 대한 인식을 결여한 채 우왕좌왕하며 막대한 물량을 쏟아 부은 회의장 밖의 행사를 알리기에만 분주했다.

우리는 이러한 모습을 접하면서 대내외적으로 쇠퇴일로에 있는 WCC의 위상을 발견하게 되었다.

20세기 중후반을 통하여 WCC가 외연을 확장할 수 있었던 것은 당시 첨예하게 표출되었던 동서 간의 이념 갈등과 아프리카와 라틴 아메리카를 중심으로 표출되었던 민족 분쟁과 인종 분쟁 그리고 사회적 갈등을 진보적인 자유주의 신학으로 해결해 보고자 했던 종교적인 요구가 있었기 때문이다.

그러나 더 이상 이러한 요구가 사라진 지금 WCC는 문화적이거나 환경적인 요소를 부각시키며 존립의 의의와 가치를 내세우나 별로 호소력이 없음을 이번 총회를 통하여 보여준 것이다.

WCC 부산총회가 채택한 〈하나님의 선물과 일치로의 부르심—그리고 우리의 헌신〉과 여러 보고서들을 통하여서 우리는 제10차 부산총회가 그동안 WCC가 견지해 온 입장을 더욱 노골적으로 심화시켰다는 사실을 확인할 수 있다.

첫째, 무엇보다도 눈에 띄는 것은 이번 총회가 종교 다원주의적인 WCC의 입장을 분명히 개진했다는 점이다.

이번에 받아들인 〈교회 : 공동체의 비전을 향하여〉라는 문건에서 WCC는 그리스도의 복음을 도외시하고 선교의 본질이 다른 종교들에 대한 다양한 종교 경험 가운데 범세계적인 친교를 이루는 데 있다고 주장했다.

그리고 그리스도는 모범적인 선교의 한 전형을 보여주었을 뿐, 그 자신이 유일한 복음이 되지는 않는다는 점을 천명했다.

이번 총회를 통하여서 WCC는 성경의 진리는 차치하고 "타 종교 안에 있는 진리의 선함의 요소"를 더욱 자주 입에 올렸다.

그들은 성경이 유일한 복음의 진리, 즉 계시라고 말하지 않고 단지 복음에 이르는 "원천적인 자료"에 불과하다는 그동안의 입장을 다시 확인했다.

WCC는 신앙이 구원에 이르는 길이라는 점을 말하지 않고 단지 그것은 "합의적 신뢰"에 불과하다고 말했다.

사실상, 오직 그리스도를 믿음으로 구원에 이른다는 진리를 외면한 것이다.

둘째, 이번 총회를 통하여서 WCC는 로마 가톨릭과의 협력과 일치를 더욱 진일보시켰다.

"로마 가톨릭교회와 세계교회협의회 간 신·구교 공동사업기구", "타 종교 세계에서의 기독교의 증언", "함께 생명을 향하여" 등의 문건을 통하여서 WCC는 로마 가톨릭교회의 교황 수위권(首位權)을 소개하며 이에 대한 반대 입장을 분명히 표명하지 않으므로 사실상 이를 인정하는 분위기를 조장했다.

특히 주목할 것은 종교 다원주의에 우호적인 WCC의 최근 경향이 로마 가톨릭의 노선과 궤를 같이하고 있다는 점이다.

WCC가 다루고 있는 첨예한 신학적 논제들의 배후에는 로마 가톨릭 신학자들의 주도적인 관여가 있음을 우리는 기억해야 한다.

셋째, 우리가 이번 총회에서 채택된 세계 선교와 전도위원회의 〈함께 생명을 향하여〉라는 문건에서 보듯이 WCC는 보혜사 성령을 성도들의 생명이 되는 구원의 영으로 보지 않고 단지 "세상을 하나로 묶는 창조의 영"에 불과한 것으로 여긴다.

이번에 WCC는 선교를 보편적인 인류의 격을 높이는 창조적인 행위에 불과하다는 점을 더욱 노골적으로 표명했다.

그리하여 인류애를 고양하기 위한 "투쟁과 저항으로서의 선교"를 말하기도 했다. WCC가 말하는 "생명의 잔치"에는 성경적 구속(救贖) 개념이 없다.

이번에 채택된 〈모두의 생명, 진리, 평화를 위한 경제 : 행동 촉구 요청〉이라는 문건에서 "생명 경제"라는 말을 만들어 "온 피조물의 생명과 하나님의 생명이 서로 연결되어 있다."라고 천명한 것도 이를 입증한다.

이는 WCC가 교회가 아니라 인류의 일치를 추구하는 세속기구의 성격을 띠고 있음을 보여주는 단면이다.

WCC는 세속적 친교에 기독교적 의미를 덧칠하려고 할 뿐, 진정한 성도의 교제에 대해서는 관심이 없다.

넷째, 이번 부산총회에서 WCC는 진리를 묻지 않고 가시적이며 기구적인 연합과 일치만을 주장하는 자신들의 입장을 다시금 확인했다.

그들은 성도의 교제는 불문하고 "창조 세계의 교제"를 전면에 내세웠다. 그리고 "하나님의 구상은 인간과 모든 창조를 그리스도의 주권 하에 있는 친교 속으로 모으는 것"이라고 천명했다.

이는 오직 그리스도만이 구원의 진리이며 생명이 된다는 사실을 도외시하고 그리스도가 보여준 아량으로 모든 종교를 하나로 묶자고 외치는 WCC의 저의를 뚜렷이 보여주는 논거가 된다.

WCC는 교회의 연합과 일치를 외치지만, 사실 그들이 말하는 교회는 이미 교회가 아닌 것이다. WCC가 교회의 본질로 여기는 "공동체적 친교"에는 사람들의 일상적인 만남과 교통만이 있을 뿐, 그리스도의 의로 말미암은 구원의 생명의 역사가 없다.

그러므로 WCC가 추구하는 에큐메니컬 운동은 교회의 연합과 일치는커녕 교회의 존립 자체를 해치고 있는 것이다.

하나님은 제10차 WCC 부산총회를 통하여 우리가 그동안 주장해 온 왜 우리가 WCC를 반대하는지에 대한 명분을 더욱 뚜렷이 부각시켜 주셨다.

이번에 우리는 WCC로부터 영구탈퇴하고 WCC에 대한 참여뿐만 아니라 어떤 협력도 거부하는 교단 총회의 결의가 얼마나 적합한지를 다시금 인식하는 계기를 가지게 되었다.

심지어 WCC를 주최한 측에서조차 일각에서는 WCC가 얼마나 기독교와 공존할 수 없는 단체라는 것을 이번 기회에 알게 되었다는 자조적인 평가를 내놓기도 했다. WCC 부산총회를 앞두고 우리 교단은 대책위원회를 조직하여 선도적으로 일사불란한 대응을 해왔다.

여러 번 WCC를 비판하는 심도 있는 책을 출판했으며 교단의 총합된 뜻을 여러 차례 선언문과 세미나 등을 통하여 표출하였다.

그리하여 우리 교단 내에 어떤 교회나 목회자도 이에 참여하거나 협조하는 일이 없었으며 오히려 WCC를 주최하는 측으로부터 여러 교회와 성도들이 이탈하는 결과를 보기도 했다.

우리는 WCC를 진리 문제이며 생명 문제로 인식한다.

그러므로 어떠한 타협도 불허한다.

진리가 아닌 것과는 하나가 될 수 없다.

진리가 다름에도 불구하고 모여서 하나가 되고자 하는 것은 진정한 하나 됨을 포기하는 것이다.

WCC는 WCC가 추구하는 근대적 에큐메니컬 운동은 진리 여하를 묻지 않는다고 공언해 왔다. 주도 하나이며 성령도 하나요 진리도 하나일진대, 어찌 진리를 불문(不問)하는 연합과 일치를 말할 수 있겠는가?

이번에 채택된 〈신학교육에 대한 에큐메니컬 서약〉에서 WCC가 천명한 다음 말은 얼마나 가당치 않은가?

"신학교육은 본질적으로 모든 기독교 교회를 하나로 묶어 주는 에큐메니컬 과업이다. 다른 교파 전통의 광범위한 스펙트럼에 적절하게 주의를 기울이지 않고 에큐메니컬 정신으로 만들어지지 않은 신학교육 커리큘럼은 그리스도의 몸의 일치를 위반하고, 그리스도의 몸에 대한 교단적 분열을 장기화한다."

이러한 적반하장이 어디에 또 있겠는가?

어찌 진리이신 그리스도를 난도질하면서 교회의 연합과 일치를 말할 수 있겠는가? 진정 그리스도의 교회가 하나라는 사실에 대한 일말의 신념이라도 있다면 WCC는 우선적으로 WCC 자체부터 해체해야 할 것이다.

– 출처 : 〈기독신문〉 2013. 11. 12.